Empresas de familia

Coordinación editorial:
DÉBORA FEELY

Diseño de tapa:
DCM DESIGN

EDUARDO PRESS

Empresas de familia

Del conflicto a la eficiencia

¿Cómo se construyen y cómo se sostienen?
¿Condenadas a desaparecer? ¿Obligadas a subsistir?

GRANICA

BUENOS AIRES - MÉXICO - SANTIAGO - MONTEVIDEO

© 2011 *by* Ediciones Granica S.A.

BUENOS AIRES   Ediciones Granica S.A.
Lavalle 1634 - 3° G
C1048AAN Buenos Aires, Argentina
Tel.: +5411-4374-1456
Fax: +5411-4373-0669
E-mail: granica.ar@granicaeditor.com

MÉXICO   Ediciones Granica México S.A. de C.V.
Valle de Bravo N° 21
Col. El Mirador
53050 Naucalpan de Juárez, México
Tel.: +5255-5360-1010
Fax: +5255-5360-1100
E-mail: granica.mx@granicaeditor.com

SANTIAGO   Ediciones Granica de Chile S.A.
Padre Alonso Ovalle 748
Santiago, Chile
E-mail: granica.cl@granicaeditor.com

MONTEVIDEO   Ediciones Granica S.A.
Scoseria 2639 Bis
11300 Montevideo, Uruguay
Tel: +5982-712-4857 / +5982-712-4858
E-mail: granica.uy@granicaeditor.com

www.granica.com

ISBN 978-950-641-602-7

Hecho el depósito que marca la ley 11.723

Impreso en Argentina. *Printed in Argentina*

Press, Eduardo
Empresas de familia : del conflicto a la eficiencia . -
1a ed. - Buenos Aires : Granica, 2011.
224 p. ; 22x15 cm.

ISBN 978-950-641-614-0

1. Empresas Familiares. I. Título
CDD 658.041

A mi nieta Luisa,
a mis hijos Genaro y Ana,
a mi hermano Raúl,
y a mi mujer, Cristina.

ÍNDICE

AGRADECIMIENTOS   11

INTRODUCCIÓN   13
Descripciones preliminares   17
Bueno, ahora sí, hablemos de las EF   22

Capítulo 1
LA FAMILIA   25
Historia de la familia   26
La familia actual   28
¿Qué es una familia?   31
Visión sistémica de la familia   31
Funcionamiento de la familia   34
Evolución de la familia   36
Familias funcionales   37
Familias disfuncionales   40
Complejidad de la familia   44

Capítulo 2
LAS ORGANIZACIONES. LAS EMPRESAS   49
La empresa   52
La empresa como sistema   55
La empresa como organización   59
Clasificación de las empresas   60
De la empresa moderna   66
De los directivos   68

Capítulo 3
LA EMPRESA FAMILIAR (EF)   71
¿Qué es una EF?   72
¿Cómo nace una EF?   73
Etapas en la evolución de la EF   75
Desventajas y ventajas de la EF   81
De las emociones   85
Factores que afectan las relaciones entre los miembros de la familia   89
¿Cómo funcionan las EF que funcionan?   90

Capítulo 4
LA EMPRESA FAMILIAR EN CONSULTA   103
Las crisis   106
La consulta   108
Metodología   115
Primera etapa. Evaluación/diagnóstico   117
Programas   122
Cómo intervenir   125

Capítulo 5
TRANSICIÓN DE LA DIRECCIÓN 135
¿Cuándo comenzar? 137
Características habituales de las transiciones desde el lugar del fundador 142
Temas a tener en cuenta para una buena transición 146
Procedimientos para la elección del nuevo director 147
Más allá del procedimiento 148

Capítulo 6
SALUD Y CONTINUIDAD DE LA EMPRESA FAMILIAR 151
¿Es obligatorio que una EF sobreviva varias generaciones? 151
1. La organización de las EF 154
2. La profesionalización 164
3. Cómo se visualiza y se planifica la administración del patrimonio
de la familia y de la EF 169
4. Los factores independientes de la EF 173
La transmisión de los valores 174
El Protocolo 176

Capítulo 7
HERRAMIENTAS 187
Herramienta n° 1. Sobre las características de la EF 189
Herramienta n° 2. Sobre los problemas de la EF 190
Herramienta n° 3. Sobre el momento evolutivo 191
Herramienta n° 4. Sobre la visión 192
Herramienta n° 5. Sobre la misión 194
Herramienta n° 6. Sobre los objetivos 196
Herramienta n° 7. Diagnóstico de situación 199
Herramienta n° 8. Sobre el Protocolo 202

Capítulo 8
**EMPRESAS FAMILIARES MÁS ANTIGUAS EN ACTIVIDAD
EN EL MUNDO Y EN LA ARGENTINA** 203
En el mundo 205
En la Argentina 211

CIERRE 217
Llegamos al final 217
Qué pueden hacer las EF para sobrevivir 218

BIBLIOGRAFÍA 221

AGRADECIMIENTOS

En primer lugar quiero brindar mi agradecimiento a Juan Granica, quien me alentó a la redacción de este libro y me indicó los pasos a seguir para su publicación.

A las personas responsables del departamento de edición de la editorial, Débora Feely y Analía Dobrov, quienes con amabilidad y paciencia supieron brindarme la información necesaria para que este libro llegara a manos de los lectores.

Al escritor Osvaldo Gallone por dedicarse con atención a la lectura del original, corregirlo y sugerirme algunas cosas que facilitarán la lectura de este libro.

A Diego Parés, dibujante e historietista, quien supo plasmar las ideas propuestas en cada historieta que ilustra algún aspecto del texto.

A mis maestros en Terapia Familiar, Carlos Sluzki y Salvador Minuchin, experimentados pioneros argentinos en Terapia Familiar; a Mauricio Andolfi, de Roma, con quien tuve ocasión de compartir varias horas de trabajo en sus visitas a la Argentina. A Gianfranco Cecchin, prematuramente desaparecido, oriundo también de Italia, que me ha enseñado muchísimo a través de sus artículos y conferencias. A Virginia Satir, a quien no tuve la oportunidad de conocer en persona pero cuyas ideas humanísticas sobre las familias, difundidas a lo largo de toda su vida y que perduran en sus libros, siento fuertemente ligadas a mí.

A la doctora María Elena Casañas, por su asesoramiento en el tema *sociedades*.

A mis colegas consultores en Empresas de Familia que escribieron sobre sus experiencias: de todos aprendí.

A los alumnos de los cursos sobre Empresas de Familia dictados en los últimos años en la Escuela Argentina de Psicología Organizacional cuyas preguntas y observaciones fueron un buen camino de aprendizaje para mí.

A los periodistas de diferentes medios que me vieron como un referente en el tema *Empresas de Familia* y me hicieron protagonista de diversas notas publicadas sobre el tema.

A mi hermano, el arquitecto Raúl Press, y a mi amigo, el arquitecto Rodolfo Chorny, por sus comentarios y su permanente aliento durante la redacción de este libro, y especialmente a los miembros de las empresas de familia que confiaron en mi capacidad profesional y con quienes encaramos procesos dentro de las empresas. Todos ellos hicieron de mí un mejor consultor cada vez.

Finalmente a mi mujer, Cristina: sin su compañía seguramente todo esto hubiera sido mucho, mucho más difícil.

INTRODUCCIÓN

¿Por qué un nuevo libro sobre Empresas de Familia (EF)?

Porque me lo pidieron, porque me gusta escribir, porque es un tema en el cual tengo experiencia, porque creo que tengo cosas para contar que a otras personas les pueden ser útiles y porque los procesos en las EF nunca se agotan y siempre se les pueden dar nuevas vueltas, explorarlos y buscar nuevas maneras de intervenir. De eso tratará este libro.

Cada familia y cada EF son únicas. Cuando una nueva familia que maneja una empresa me consulta, parto de cero sobre esa familia y esa empresa.

Aun así, existen situaciones que son comunes y las experiencias en una empresa pueden ser útiles para comprender lo que sucede en otras, y entonces se produce un aprendizaje constante.

Por este motivo deseé en contar esas experiencias, pensar en voz alta sobre lo que pasa en las EF en la creencia de que puede ser útil a otras personas que son parte de una familia empresaria, o que trabajan en una EF, o que están en contacto con ese tipo de empresas.

Una familia que maneja una empresa no es una familia común, y una empresa que es manejada por una familia no es una empresa común. ¿Qué tienen de distinto de otras las familias empresarias y las EF? Varias cosas. Lo clásico, y que usted va a encontrar en todos los libros sobre este tipo de empresas, es que la propiedad y la gestión del negocio están en manos de una familia. Es así. Pero a lo largo de tantos años de trabajo con estas familias me faltaba algo para completar esa clásica definición: las emociones, la pasión.

Creo que si hay algo que les da singularidad a las EF es la intensidad de las emociones que se ponen en juego. Este fenómeno las hace diferentes de cualquier otro tipo de experiencias organizacionales.

Si uno ve la importancia que tienen las EF en la economía del mundo, se debe pensar que son un buen negocio y, la mayoría de las veces, lo son. El hecho de que no tengan una larga sobrevida no se debe a que el negocio no sea bueno, sino a problemas vinculados con la familia sobre los que hablaremos más adelante.

En general, el negocio funciona pero a un costo enorme. Un gran costo emocional: la gente sufre, y mucho. Al comienzo, es la lucha por subsistir y, después, es la lucha para mantener la empresa y la familia.

"Si nos peleamos, cierro y listo" es una expresión que los hijos escuchan mucho de boca de su padre fundador.

También son muy intensas las satisfacciones que ofrece trabajar con la familia cuando las cosas salen bien.

A partir del momento en que me recibí de médico, allá, por mayo de 1973, me dediqué a la psicoterapia, especializándome, en primer lugar, como terapeuta de niños. Ese fue mi primer contacto (profesionalmente hablando) con las familias con problemas. Al poco tiempo, me di cuenta de que terminaba trabajando más con los padres que con los niños. Empecé a estudiar y a leer lo poco que había por esas épocas sobre familias con problemas, ya que todavía no estaba instalada como especialización la terapia familiar.

Pertenezco a las primeras camadas de terapeutas especializados en terapia familiar, a aquellos que teníamos que discutir con nuestros colegas terapeutas individuales (eran mayoría) la viabilidad y la conveniencia de la terapia familiar. También pertenezco a los primeros que, en la Argentina, comenzamos a tomar en cuenta el pensamiento sistémico para aplicarlo a los sistemas humanos, especialmente a la investigación de familias con problemas.

Al mismo tiempo, fui desarrollando mi carrera en temas institucionales, participando en infinidad de situaciones grupales como alumno, docente, miembro, supervisor y coordinador de equipos de trabajo, supervisor de colegas que trabajaban en instituciones, consultor de equipos y de servicios de atención psicológica en instituciones públicas y privadas. Así fue como comencé a estudiar y a leer sobre el funcionamiento de las organizaciones, y desde hace casi veinte años me dedico al campo organizacional, de cuya práctica devino mi primer libro *Psicología de las Organizaciones*, que va por su segunda edición.

Esta doble experiencia y la existencia de una enorme cantidad de EF hicieron que desarrollara mi interés en ellas.

¿Qué va a encontrar usted, lector, en esta obra?

El libro fue pensado desde lo más general a lo más particular: desde los orígenes de la familia hasta la formación de la fisonomía con que la conocemos hoy día. La exposición se realiza desde una visión sistémica, es decir, como un todo integrado de miembros que se mantienen unidos a través de sus relaciones.

La siguiente sección se dedica a la empresa, con la misma perspectiva sistémica que la sección anterior, ya que la empresa como organización social y económica, también tiene su historia.

A continuación, ambas secciones se integran para entrar en el campo de las EF, cómo funcionan, cuáles son sus características, por qué consultan, el tema de la transición de la dirección, instrumentos para aquellos que trabajan con EF, y algunas de las herramientas con las cuales exploro e intervengo en ellas.

Capítulo por capítulo, el lector encontrará:

En el Capítulo 1, la familia, su evolución desde los comienzos de la humanidad hasta hoy, el desenvolvimiento de una familia funcional y de una familia disfuncional. Este es un tema clave porque los problemas más complejos de las EF no son los del negocio, sino los de la familia.

En el Capítulo 2, un desarrollo similar al del primer capítulo pero referido a las empresas en general, a su evolución hasta nuestros días, sus características y diferencias respecto de otras organizaciones.

En el Capítulo 3, referido específicamente a las EF, se desarrollarán sus características y modos de funcionamiento, cómo nacen y cómo se mantienen, así como una distinción entre las EF funcionales y las que no lo son.

En el Capítulo 4, se trabaja el tema de las EF en situación de consulta, es decir, cuando tienen problemas para los cuales requieren ayuda. En este capítulo se describen los problemas más comunes que llevan a una EF a realizar una consulta y se desarrolla la metodología que el autor utiliza en su tarea profesional.

En el Capítulo 5, se aborda el que quizás sea el problema más delicado y más complicado en las EF: la transición de la dirección de una generación a la siguiente. Esta transición no es algo que se decida en el momento (aunque muchos lo hacen así), sino un largo proceso con sus idas y vueltas que vale la pena estudiar en detalle.

En el Capítulo 6, se desarrolla el tema del futuro de las EF: ¿tienen futuro o están condenadas al fracaso con el paso de las generaciones? ¿Deben obligatoriamente subsistir y su cierre considerarse un fracaso? ¿Cuáles son las características de las EF que logran subsistir en el tiempo?

En el Capítulo 7, el lector encontrará una serie de herramientas prácticas que son parte del instrumental de trabajo del autor. Estas herramientas son útiles tanto para los miembros de la empresa como para los profesionales que interactúan con ella ya que ofrecen la posibilidad de repensar y conocerla, así como la oportunidad de modificar conductas que la hagan más funcional.

En el Capítulo 8, se describen las diez EF en actividad más antiguas del mundo y las diez más antiguas de la Argentina. La información utilizada en este capítulo fue tomada de los sitios de Internet de cada una de las empresas.

Finalmente, el capítulo de cierre incluye algunas reflexiones finales que apuntan fundamentalmente al futuro: es "un cierre que abre".

¿A quién puede interesarle este libro?

A las familias que conforman una empresa, a los que quieren desarrollar un negocio junto con su familia y a los profesionales que ya trabajan con EF. A los profesionales de distintas disciplinas como contadores, abogados, consultores en recursos humanos y a quienes pueda interesarles conocer el funcionamiento de una familia y de una familia que maneja una empresa.

Descripciones preliminares

1. La conducta de las personas no es enteramente predecible

Parto del supuesto de que la conducta de las personas no es enteramente predecible, y mucho menos con certeza. Podemos saber, por experiencia, que tal o cual persona tiene muchas posibilidades de actuar de una manera determinada pero no podemos asegurar que vaya a hacerlo de esa forma. Existen infinidad de factores imposibles de predecir que hacen que, en determinadas ocasiones, una persona nos sorprenda con una conducta diferente. Esto vale tanto para individuos como para grupos (ya sean chicos, como una familia, o más grandes, como sociedades completas). Nuestras intervenciones y acciones no pueden estar apoyadas en lo que suponemos que la gente hará o dejará de hacer ya que las personas no se comportan como piezas de una máquina sino como seres racionales e irracionales, con su historia, su cultura, sus emociones, sus deseos y sus frustraciones. Todos estos ingredientes hacen impredecible la conducta de la gente (incluido uno mismo).

2. Le pido que observe la figura siguiente

¿Qué ve? ¿Qué representa esta figura para usted? Obsérvela bien, ¿cuántas cosas diferentes le representa? Anótelas en un papel.

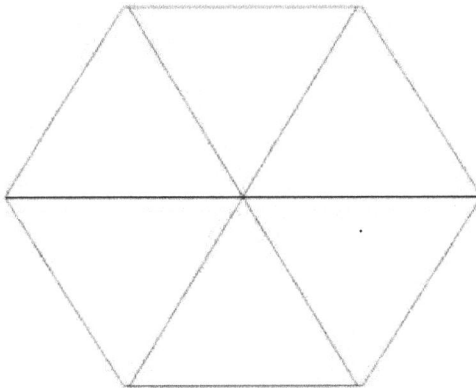

Figura 1. ¿Qué ve?

Ahora comparta la observación con alguien que sea de confianza y hágale las mismas preguntas. Anote sus respuestas en un papel.

Ahora repita la misma operación con otra persona. También anote sus respuestas.

Coteje las diferentes respuestas. ¿Cuántas semejanzas y diferencias encontró entre todas ellas?

Obviamente no conozco las respuestas pero estoy seguro de que entre los tres debe haber, por lo menos, cinco o seis respuestas diferentes, todas legítimas y "verdaderas".

Esto es un ejercicio que pudo ser entretenido por unos minutos, pero le pido que repase mentalmente cuántas ocasiones similares vivió en las cuales frente a lo mismo (una imagen, una experiencia, un proyecto, un problema) se encontró con que otras personas tuvieron visiones totalmente diferentes de la suya. ¿Cómo se sintió? ¿Cómo sintió a los otros?

A menudo creemos que todos compartimos la misma visión de la realidad y que sacamos las mismas conclusiones, pero esto es una fuente inagotable de situaciones conflictivas porque, si las conclusiones de los otros no son las mismas que las nuestras, en general pensamos que el otro está equivocado. ¿Le resulta esto familiar?

3. Suponemos que los demás saben todo acerca de nosotros, que nos conocen bien y, de la misma forma, creemos que conocemos bien a los demás

La consecuencia de esta creencia es que no nos acercamos a las personas para conocernos y reconocernos porque damos por sentado cómo piensa el otro, cómo reaccionará, qué siente y por qué hace las cosas. Nadie le pregunta nada a nadie porque todo se sobreentiende. Esto es lo que llamo la "Teoría de la Adivinación". Pertenecer a la misma familia parecería ser un requisito para que esta situación tenga un desarrollo mayor.

4. Suponemos que no importa cómo ni en qué situación decimos las cosas; los demás tienen la obligación de entendernos y además recordarlo

Fácilmente nos enojamos o nos fastidiamos cuando no nos entienden o no recuerdan lo que dijimos, lo que no deja de ser legítimo, pero pocas veces nos fijamos o reflexionamos sobre cuán claros fuimos en nuestra exposición o en qué situación estábamos (y estaba el otro) cuando dimos tal o cual información. Es muy común que no discriminemos en grados de importancia nuestros mensajes y hablemos de cosas muy relevantes durante un viaje en auto por las calles de una ciudad, cuando nos cruzamos con el otro en algún pasillo o lo hacemos sin prestar atención a qué está haciendo el otro, si está en condiciones de comprender lo que decimos o si lo estamos interrumpiendo. Es lo que llamo la teoría del "Ya se lo dije". Por otro lado, no es común que busquemos nuestra mejor circunstancia para recibir información y aceptamos hacerlo cuando estamos en situaciones inadecuadas (muy preocupados por otro asunto, por ejemplo: hablando por teléfono, etcétera). Es excepcional que una persona llame por teléfono a otra y le pregunte si lo puede atender; el otro dice "hola" y el que llamó se pone a decir lo que tenía previsto sin reparar en otra cosa. Los teléfonos celulares agudizaron estas situaciones, al margen de otros problemas que dejamos para otro libro.

5. Entre querer arreglar sus asuntos y tener razón, la mayoría de la gente elige tener razón

Tener razón es un valor muy importante para todos nosotros, y creemos que tener razón es un argumento que nos otorga ciertos derechos por encima de quienes no la tienen. Así, se generan situaciones muy difíciles de resolver que también son una fuente inagotable de situaciones conflictivas.

Las premisas descriptas anteriormente son el origen de la mayoría de las situaciones conflictivas en las familias y en las empresas. Habitualmente soy testigo de discusiones para tratar de definir (infructuosamente) qué pasó, quién empezó, quién tiene la culpa, quién tiene razón, quién lo hizo o lo dijo primero.

De esta forma, se pierde mucho tiempo, dinero y energía en discusiones que socavan el funcionamiento de cualquier organización y hacen muy difícil la gestión, sea de una familia, un colegio, una empresa o una EF.

6. Visión sistémica de las organizaciones

Como se mencionó anteriormente, en este libro, las organizaciones son consideradas sistemas sociales. Sistema porque todas sus partes (o miembros) están ligadas entre sí e interactúan en forma permanente dándole identidad y cohesión, sea una empresa, una familia o una EF; sociales, porque están formadas por personas.

La consecuencia práctica de esta visión sistémica es ver los fenómenos que suceden no en forma aislada sino como parte de procesos integrados en un todo. Lo que sucede en un rincón, tarde o temprano, influirá en otro, aunque sea lejano, del anterior y viceversa. Esta visión permite ampliar el campo de observación y comprender fenómenos que de otra forma resultarían incomprensibles. El pensamiento sistémico es una herramienta muy útil para intervenir en las consecuencias de las premisas recién descriptas.

Pensar sistémicamente significa utilizar un modelo sistémico. "Los modelos, tales como el modelo sistémico, son herramientas para pensar; los modelos son puntos de vista; los modelos permiten una simplificación y agregan orden a una realidad compleja a través de definir observables, lógicas y pragmáticas. Tan crucialmente importante como ser coherente con el propio modelo es el percatarse de que se trata tan solo de un modelo, evitando la tentación de creer que nuestro modelo describe 'la manera en que las cosas son'. Los modelos permiten describir las cosas de cierta manera, pero nunca de la manera en que las cosas son. Tal vez no haya una manera en que las cosas son."[1]

Bueno, ahora sí, hablemos de las EF

Las EF son un factor económico y social de mucho peso tanto en la sociedad argentina como en el mundo. Quizás no sean las más importantes al momento de las grandes decisiones de la economía mundial, pero sí son el motor que impulsa a cualquier economía. Veamos algunos números.

En la Argentina:

- Existen entre 1.000.000 y 1.200.000 EF, es decir un 75% de las empresas nacionales.
- Generan entre el 40 y el 42% del PBI.
- Brindan cerca del 70% de los puestos de trabajo y generan el 90% de los nuevos puestos.
- El 90% de la nueva tecnología básica proviene de estas compañías.
- Del total de empresas de familia, el 20% son sociedades con una forma jurídica definida (S.R.L. [sociedad de responsabilidad limitada] o S.A. [sociedad anónima]).
- El 70% de firmas de familia desaparece en cada generación.
- El 85% de los fundadores tiene entre 26 y 28 años en el momento de crear su empresa.

---

1. Sluzki, Carlos: "Terapia familiar como construcción de realidades alternativas", *Sistemas Familiares*, año 1, n° 1, Buenos Aires, 1985.

- El 8% de quienes emprenden estas actividades son mujeres.
- Entre los 53 y los 57 años del fundador se vive una crisis. En ese momento, los hijos suelen definir si van a trabajar en el negocio familiar (el 86%) o si prefieren desarrollar su carrera lejos de la tutela de los padres (el 14%).

En el mundo:

- El 75% de las EF transitan la primera generación; el 16% transitan la segunda; el 8%, la tercera, y solo el 1% llega a la cuarta generación (IESE, Gallo 1998).
- De las 250 mayores sociedades que cotizan en bolsa y que, además, forman el índice SBF 250 de la Bolsa de París, el 57% son EF (INSEAD).
- Las EF integran el SBF 120 o el SBF 250 desde hace mucho más tiempo que las otras sociedades, lo que tiende a demostrar la mayor longevidad de este tipo de empresas en relación con las no familiares (INSEAD).
- En un período de más de veinte años, el rendimiento anual de 200 EF fue del 16% contra el 14% de empresas no familiares para el índice Standard & Poors. Ese estudio explica que las EF tienen mayor disposición a reinvertir sus beneficios y se concentran más en su negocio (Netmarquee, 1996).

A partir de acá, queda invitado a continuar con la lectura y, si bien los capítulos siguen una lógica, puede hacerlo desde el lugar que más le interese. Que lo disfrute.

CAPÍTULO 1

LA FAMILIA

En este capítulo vamos a hablar de la familia en términos generales.

Desde que tengo uso de razón, escucho decir que cada familia es un mundo. Con el tiempo descubrí que es así: un mundo que tiene sus propias leyes y que vive rodeado de otros mundos, que a su vez están rodeados de otros mundos que no son familia: escuelas, universidades, hospitales, grupos de amigos, clubes, la calle, empresas, trabajos (aunque algunos se confundan y crean que estos otros mundos también son su familia, lo cual es fuente de muchos conflictos, pero ese es otro tema).

¿Por qué me detengo a hablar específicamente de la familia en un libro de EF?

Porque trabajar con familias y sus empresas sin conocer sus dinámicas y su funcionamiento tiene el riesgo de tratar de que el grupo familiar funcione de acuerdo con estereotipos sociales y con roles y funciones familiares rígidos y preconcebidos en lugar de explorar lo mejor de cada uno y de cada situación.

No se trata de que un profesional no especialista sepa y practique terapia familiar; se trata de que para cuando tenga que lidiar con las familias y sus problemas, posea conocimientos sobre cómo funciona una familia en una EF y pueda disponer de una guía orientativa sobre cómo manejarse con ellas.

Historia de la familia

En los comienzos de la humanidad, la noción de familia era diferente de como la conocemos hoy. Los grupos humanos eran nómadas, deambulaban detrás de las manadas que buscaban el agua porque su actividad fundamental era la caza y habitaban en cuevas y bosques. Era una etapa de promiscuidad en donde los miembros de los grupos se alternaban en parejas sin criterio alguno, no se distinguía la paternidad y las reglas de las relaciones eran sencillas y simples.

El desarrollo de la agricultura determinó el afincamiento en un territorio, se formaron comunidades tipo clan en las cuales comenzaron a tener importancia ciertas relaciones asimilables a lo que hoy serían vínculos familiares. Esta estructura cambió decisivamente la organización de la sociedad.

El crecimiento de estos grupos, la expansión territorial y el incremento de las actividades promovió una especialización de tareas. Algunos siguieron en las labores agrícolas, otros miembros se dedicaron a la caza y otros, a la fabricación de las herramientas para ambas actividades (así es como nacen los artesanos).

En este período, las familias todavía permanecían juntas, sumando miembros y expandiéndose en territorio y en número. Esta propagación provocó el surgimiento de enfrentamientos entre distintos grupos y así nacieron los ejércitos y las guerras.

Las comunidades fueron creciendo constituyéndose en poblaciones más grandes y, por ende, más complejas.

A partir del siglo XVI, comienzan a realizarse las uniones con características civiles además de religiosas. Previo a la era industrial, la familia constituía el corazón de la actividad económica.

La era industrial generó, en un principio, cierta dispersión de la familia como unidad económica ya que se produjo la incorporación de cientos y miles de personas a un modo de producción que separaba la actividad económica de la familia. Las grandes industrias (muchas de las cuales se iniciaron como EF) captaban la mayoría de la fuerza laboral.

Este proceso también trajo como consecuencia la aparición en el mercado de una masa de consumidores que se multiplicaba rápidamente, lo que permitió una enorme sectorización del mercado y el desarrollo de pequeños nichos para abastecer una creciente demanda de mercaderías y servicios, ese fue el lugar ocupado por las pymes que, en su gran mayoría, eran EF.

La familia actual, proveniente del matrimonio por amor, vino de la mano de la revolución industrial, del desarrollo de las grandes ciudades y de la migración de las zonas rurales a las ciudades. Anteriormente, los matrimonios eran convenios económicos y/o políticos debidos a alianzas de poder o de territorio, siendo excepcionales los de libre elección.

La familia actual

A partir de los años 60 del siglo pasado, se produjeron diversos cambios en el concepto de familia y en su conformación. En la actualidad, un mayor número de parejas viven juntas sin haber contraído matrimonio. Es el caso de algunas personas mayores, a menudo viudos o viudas, que encuentran que es más práctico, desde el punto de vista económico, cohabitar sin contraer matrimonio. También se desarrollan familias monoparentales tanto de hombres como de mujeres, matrimonios homosexuales que adoptan hijos, familias que se forman con lo que se denomina alquiler de vientres, inseminaciones y fertilizaciones *in vitro* con óvulos y espermatozoides propios o de bancos establecidos para tal fin. En definitiva, múltiples y diferentes procesos existen en los comienzos del siglo XXI para la formación de familias que siempre seguirán siendo familias, con padres, hijos chicos, hijos grandes, adolescentes, ancianos, momentos conflictivos, momentos felices, y la gente seguirá sufriendo y gozando por las mismas cosas porque las familias formadas de una o de otra manera seguirán siendo la fuente de las pasiones más intensas.

Los cambios que la familia y la sociedad sufrieron a lo largo de la historia son reflejo los unos de los otros. Incluso podríamos decir que las familias tienen como objetivo (si tuviesen alguno) la protección psicosocial de sus miembros, la educación que los prepare para actuar en el mundo exterior a ella, la integración a la cultura y la transmisión de esa cultura.

La sociedad industrial urbana irrumpió con fuerza en la familia y se hizo cargo de múltiples funciones que, en algún momento, fueron consideradas como deberes familiares.

En muchas sociedades actuales, fundamentalmente en Occidente y, sobre todo, en las poblaciones de origen sajón, los ancianos viven apartados en hogares o en conglomerados edilicios hechos especialmente para los ciudadanos de mayor edad. En las poblaciones de origen latino, esta misma situación tiene una connotación negativa. El alargamiento en la expectativa de vida y su consecuente prolongación de la vida activa hacen que, en muchas ocasiones, la gente se sienta desbordada por la cantidad de obligaciones y responsabilidades, y que por evitar la culpa del incumplimiento de los mandatos culturales[1] las toman a su cargo aunque la mayoría de ellas sean poco eficaces. La vida en las ciudades y la prolongación de la vida activa hacen que los hijos no puedan ocuparse de los ancianos como se hacía hasta principios del siglo pasado.

Por supuesto que no se pueden sacar conclusiones universales al respecto; como lo digo desde el comienzo, cada familia es singular.

Se supone, y es de esperar, que la seguridad social garantice el sostén económico de los que salen del trabajo activo aunque en el caso de las EF esa sea una de las responsabilidades de las siguientes generaciones respecto de las anteriores, como veremos más adelante.

Las condiciones que permiten o que requieren que ambos cónyuges trabajen fuera de la familia crean situaciones en las que el sistema extrafamiliar puede avivar y exa-

---

1. Mandatos culturales que dicen que la familia debe mantenerse junta y que los hijos deben cuidar de los padres cuando son mayores.

cerbar los conflictos entre los esposos y/o con los hijos ya que todavía, y a pesar de los avances producidos, sigue siendo responsabilidad de las mujeres, aunque trabajen varias horas fuera de la casa, pensar día a día qué se va a comer, cómo y cuándo se hará la limpieza de la casa, ocuparse de las tareas escolares de los hijos y, en muchos casos, cuidar a sus propios padres y hasta a los padres de su marido. De igual manera, el hombre sigue sintiendo sobre sus espaldas la responsabilidad de ser el sostén económico de la familia (aunque no lo sea en la realidad) y "debe" agregar el ocuparse de cuestiones familiares vinculadas a la crianza de los hijos que antes estaban destinadas exclusivamente a las madres.

Hoy en día, se dan situaciones muy distintas de las esperables décadas atrás: mujeres profesionales en pareja con hombres que no lo son, mujeres que son el sostén del hogar aun con un hombre en la casa, situaciones que en sí mismas no tienen nada de particular pero que, en nuestra cultura, todavía generan muchos problemas en las relaciones. ¿Por qué? Porque los cambios se producen en un tiempo menor del que toma acostumbrarse a ellos. Por eso, a pesar de los cambios, los hombres y las mujeres modernos siguen adhiriendo a una serie de valores que pertenecen a una sociedad diferente, una sociedad en la que los límites entre la familia y lo extrafamiliar eran más claros, y los deberes y obligaciones más rígidos.

Estamos viviendo un momento histórico en que la sociedad y las relaciones entre las personas cambian más rápido que la capacidad de adaptación de los seres humanos. Vivir la vida de este momento adherido a un modelo anterior conduce a clasificar muchas situaciones, que son claramente naturales y de acomodamiento a lo nuevo, como conflictivas y problemáticas. Todavía reina en la atmósfera el legendario "entonces se casaron y vivieron felices". Las familias suelen estar hoy lejos de ese ideal.

¿Qué es una familia?

Una de las maneras de definir una familia es por el víncu-lo que existe entre sus miembros. Los principales son de dos tipos:

Vínculos de afinidad derivados del establecimiento de una unión reconocida socialmente como, por ejemplo, el matrimonio (algunas sociedades solo permiten la unión entre dos personas mientras que en otras es posible la poligamia).

Vínculos de consanguinidad, la filiación entre padres e hijos, o entre hermanos que desciendan de un mismo padre y/o madre.

También pueden diferenciarse las familias según el gra-do de parentesco entre sus miembros.

- Familia nuclear: padres e hijos (si los hay). Es el núcleo más íntimo y puede presentarse como una "familia monoparental" cuando el hijo (o hijos) vive solo con uno de los padres.
- Familia extensa: además de la familia nuclear, incluye a los abuelos, tíos, primos y otros parientes, sean con-sanguíneos o afines.
- Otros tipos de familias: aquellas conformadas única-mente por hermanos, por amigos (donde el sentido de la palabra "familia" no implica un parentesco de consanguinidad, sino sobre todo la existencia de sen-timientos como la convivencia, la solidaridad y otros), etcétera, quienes viven juntos en el mismo espacio por un tiempo considerable.

Visión sistémica de la familia

La familia es una organización muy compleja, motivo por el cual podemos pensarla como un sistema constituido por varias unidades (sus miembros) con sus características, ligadas entre sí por sus relaciones. De estas relaciones, podemos describir reglas que nos permitan entender sus comportamientos y sus funciones. Los miembros de una familia están en constante interacción entre sí y con el exterior, formando parte de contextos sociales más amplios.

Las relaciones que ligan a los diferentes miembros de una familia son invisibles, pero existen, sólidas y firmes como si fueran de acero, a lo largo de sus vidas y aún después de su muerte, trascendiendo el tiempo, la distancia y los conflictos. Esta conexión emocional es una característica básica de la familia y es lo que distingue a una EF de una que no lo es, como veremos más adelante.

Durante mis años como terapeuta familiar y como consultor de EF, siempre me ha resultado muy útil observar a cada miembro de la familia no en forma aislada, sino como parte de un conjunto que se mantiene unido por sus relaciones recíprocas. Es útil advertir cómo ciertas conductas de unos van precedidas o seguidas de ciertas conductas de otros.

Generalmente cada familia tiene una organización que es definida por el lugar que ocupa cada uno de sus miembros, el lugar de los padres y el lugar de los hijos. Si bien lo natural sería que padres e hijos cumplieran las funciones que les corresponden, muchas veces no es así y encontramos algún padre que es dejado de lado (o él mismo se mantiene alejado) y/o algún hijo que asume la función de alguno de los padres (lo llamamos hijo parentalizado) con consecuencias no siempre buenas para la familia.

La organización familiar, al tiempo que se mantiene constante (es lo que da el sentido de identidad y de pertenencia), va transformándose a través de sucesivas etapas que naturalmente va viviendo la familia.

También es compleja la adaptación a las circunstancias cambiantes del entorno social, lo que le permite no perder su identidad y, al mismo tiempo, el crecimiento psicosocial de sus miembros.

En la bibliografía sobre el funcionamiento de las familias, es común encontrar el concepto de "reglas de funcionamiento". Básicamente existen dos posiciones ante este concepto: están quienes creen que las reglas existen "realmente" y son "descubiertas" por un observador, una especie de geólogo o arqueólogo que "descubre" cosas enterradas que estaban allí esperando ser descubiertas; y estamos quienes creemos que la familia interactúa como puede y que un observador puede "describir" reglas asociando conductas que se repiten dentro de la familia. Desde este punto de vista, pueden existir tantas reglas como observadores las describan. Dejo estas diferencias para los debates teóricos (que no es la finalidad de este libro), lo que importa es que las personas tienen conductas repetitivas. A partir de esta afirmación, se puede decir que estas conductas (producto de las relaciones que se repiten) establecen pautas acerca de cómo, cuándo y con quién se puede relacionar cada uno, sea dentro o fuera de la familia. Esta es la manera que el sistema tiene para sostenerse como tal.

El origen de estas pautas es imposible de rastrear, se encuentra sepultado por años de negociaciones explícitas e implícitas entre los miembros de la familia, relacionadas a menudo con los pequeños acontecimientos diarios. Suelo decir, medio en broma medio en serio, que si nos ocupáramos de rastrear los orígenes llegaríamos a Adán y Eva. De todos modos, las pautas permanecen para facilitar la acomodación mutua y funcional de la familia. Una vez leí que cuando un niño nace es como alguien que llega a una fiesta que hace mucho tiempo había empezado y se encuentra con situaciones que nadie le puede explicar más que con la expresión: "aquí las cosas siempre se hicieron así".

De esta manera, el sistema familiar se sostiene como tal, ofrece resistencias al cambio más allá de cierto nivel y conserva las pautas preferidas durante tanto tiempo como pueda hacerlo a pesar de que las relaciones en el grupo familiar y de este con otros grupos sociales "no son estáticas como la que existe entre la pared y los ladrillos que la componen".[2]

Funcionamiento de la familia

Pensar una familia sin problemas es como pensar la lluvia sin las nubes: van de la mano. El asunto no pasa porque la familia no tenga problemas sino porque tenga las herramientas necesarias para transitar los problemas sin lastimarse, usándolas como oportunidad de aprendizaje y mejora.

La imagen de personas que viven en armonía, enfrentando las descargas sociales sin irritarse y cooperando siempre mutuamente se derrumba tan pronto como se observa cualquier familia con los problemas de la vida cotidiana. Sin embargo, este estándar está todavía en la cabeza de mucha gente, incluidos profesionales, que confrontan el funcionamiento de las familias de EF con esta imagen idealizada.

La familia normal no se distingue de la familia anormal por la ausencia de problemas sino por la forma como los maneja o los enfrenta. Por eso es tan recomendable que los profesionales que están en contacto con familias de EF dispongan de un esquema conceptual del funcionamiento de una familia. Esto los ayudará mucho a entender los problemas de sus clientes.

En las familias, es deseable encontrar personas que comprendan, valoren y se desarrollen a sí mismas; auténticas, honestas consigo mismas y con los demás; que estén dis-

---

2. Lévi-Strauss, C. Citado por Andolfi, Maurizio: *Terapia Familiar,* Editorial Paidós, Buenos Aires, 1984, p. 22.

puestas a ser creativas, a demostrar su competencia, a cambiar cuando la situación así lo exija y a encontrar la forma de adaptarse a lo que es nuevo y diferente, conservando lo útil y descartando lo demás. Cuando se está ante este conjunto, se tiene un ser físicamente saludable, mentalmente despierto, sensible, amante, juguetón, auténtico, creativo y productivo; alguien que se basta a sí mismo, que puede amar profundamente y pelear en forma justa y efectiva, que sabe conciliar su propia ternura con su fuerza, que conoce la diferencia entre ambas y lucha tenazmente para lograr sus objetivos.

¿Cuántos conoce con estas características?

Usted me dirá, y con justa razón, que esa descripción es la de una especie de Superman que no existe más que en las novelas o en el cine. Puede ser, pero tampoco es imposible. Puede ser un buen objetivo existencial: vivir la vida humanamente.

Los seres humanos no somos criados por una incubadora, la familia es el lugar donde se crean estas personas. Nosotros, los adultos, somos los encargados de formar seres humanos.[3] Es decir, somos los responsables de "lanzar" al mundo a las personas. Los chicos aprenden lo que ven, los adultos muchas veces olvidamos esto y "nos sorprendemos" cuando alguno de nuestros hijos muestra aspectos que no nos gustan.

Toda persona "juega" diferentes funciones en el seno de una familia; la mujer es ella misma como persona constantemente pero además es una esposa cuando está con su marido y una madre cuando está con sus hijos, y así cada uno. Estas funciones se intercambian de manera permanente en la vida cotidiana. Mezclarse en las funciones puede dar lugar a malentendidos que deriven en situaciones

---

3. Satir, V.: *Las relaciones humanas en el núcleo familiar*, Editorial Pax, México, 1982.

conflictivas; por ejemplo, cuando un padre trata a uno de los hijos como si fuese un hermano o a su esposa como si fuese su padre.

Los que trabajamos con familias conocemos muy bien las consecuencias de estas confusiones: en el primer ejemplo, dificultades para recuperar la función de autoridad por parte del padre o la pérdida de un guía para el hijo y, en el segundo caso, pérdida de la intimidad y confianza en la pareja conyugal. Habitualmente la búsqueda de salida de estas confusiones transcurre con fuertes enfrentamientos y discusiones, que no suelen tener resultados positivos.

Evolución de la familia

Al comienzo del matrimonio, una joven pareja debe enfrentar un cierto número de tareas para las cuales es conveniente ponerse de acuerdo y de las que no suele conversarse hasta el momento en que aparecen como reproche o reclamo.

– Deben desarrollar rutinas para acostarse y levantarse aproximadamente a la misma hora.
– Debe existir una rutina para comer juntos y para poner y levantar la mesa.
– Debe existir una rutina para estar desnudo y tener relaciones sexuales.
– Para compartir el baño.
– Para leer el diario del domingo, para mirar televisión y elegir los programas, y para ir a lugares que sean del gusto de ambos.

En este proceso de mutua acomodación, la pareja desarrolla una serie de transacciones, formas en que cada uno estimule y controle la conducta del otro y, a su vez, sea influido por la secuencia de conducta anterior. Estas pautas transaccionales constituyen una trama invisible de demandas complementarias que regulan muchas situaciones de la familia.

Cada miembro de la pareja enfrenta, además, la tarea de separarse de su familia de origen y de negociar una relación diferente con los padres, hermanos y parientes políticos. Las prioridades deben modificarse, ya que los deberes fundamentales de los nuevos esposos conciernen a su matrimonio, y las familias de origen deben aceptar y apoyar esta ruptura, lo que no siempre sucede.

Del mismo modo, los encuentros con los elementos extrafamiliares –trabajo, trámites y ocios– deben reorganizarse y regularse de un nuevo modo.

En suma, se deben adoptar decisiones en lo que concierne al modo en que se permitirá que las demandas del mundo exterior interfieran en la vida de la nueva familia.

Familias funcionales[4]

Los estudiosos de la familia buscaron cuáles eran las características de lo que se podría llamar la "familia ideal". Sin embargo, pronto encontraron que había tantos "ideales" como estudiosos de la familia. Entonces, pensaron que podía hablarse de "familia perfecta" pero no encontraron ninguna; "familia sana" sonaba bien pero lo difícil fue definir el concepto de salud y, aunque alguien dijo que es la ausencia de enfermedad, con respecto a los asuntos de familia no servía de mucho. ¿Qué familia no tiene absolutamente ningún problema? Consultaron en el campo estadístico, pero el asunto se complicó porque no necesariamente lo que

---

4. Algunas ideas para este tema fueron tomadas de Martínez Zarandona, I.: "Familias funcionales". En *http://sepiensa.org.mx/contenidos/2005/f_ ffuncionales/ffuncio_1.htm*

abunda es lo mejor: es difícil saber qué variables indican el término medio para definir qué es una familia "normal". Finalmente, y por ahora, los estudiosos se han puesto de acuerdo en el término "familia funcional". Este concepto nos ayuda a una mejor comprensión de cómo son la mayoría de las familias. Con ello se expresa en dos palabras que el sistema familiar cumple mínimamente las condiciones para que sus miembros puedan desarrollarse, de una manera armónica, física, emocional, intelectual y socialmente.

¿En qué se parecen entre sí las familias funcionales?

Un primer aspecto que diferencia a las familias funcionales de las disfuncionales, se refiere a la capacidad que tienen para satisfacer, aunque sea en lo mínimo, las necesidades materiales de alimentación, techo, salud, educación y diversión de sus miembros. El clima emocional habitual de la familia es distendido, esto quiere decir que sus componentes se sienten a gusto en casa y entre los suyos.

El contexto familiar ofrece una sensación de pertenencia y aceptación que contribuye a desarrollar la identidad personal y la autonomía. Sus vínculos emocionales son generalmente estables y sólidos, sobre todo, en el caso de necesitarse para enfrentar una dificultad o una amenaza y, al mismo tiempo, les permiten la libertad y la independencia necesarias para que cada uno transite también por una parte del camino que sienta propio.

La comunicación es clara y directa, y el manejo de las emociones es adecuado a la situación vivida. En caso de disgustos y desacuerdos, aunque a veces sea difícil, encuentran la posibilidad para poder hablarlos. Un aspecto interesante de la mayoría de las llamadas familias "funcionales" es que tienen sentido del humor: suelen hacerse bromas y muchas veces conviven divertidos.

Cualquier familia tiene problemas, aunque sea funcional. Lo que hace la diferencia es la forma como los enfrentan y buscan las soluciones. Cada miembro de la familia requiere de tiempo para comprender las dificultades a las que se enfrenta. Así, busca por ensayo y error hasta encontrar sus propias soluciones y, de esta manera, contribuir al buen desarrollo de todos una vez que se haya superado la crisis.

Cuando se superan crisis y conflictos, la familia sale fortalecida y, a la larga, sus efectos son positivos: los chicos aprenden a no ser personas extremadamente rígidas pues no se resisten al cambio y buscan alternativas.

Las pautas de convivencia tienen que ver con lo que se puede y se debe hacer, y lo que no. En la mayoría de las familias funcionales es claro y convincente para todos, y ambos padres envían el mismo mensaje o, al menos, un mensaje en el mismo sentido. Existen manifestaciones de cariño entre todos, sea con el cuerpo o con la palabra, sin que se altere la diferencia jerárquica entre padres e hijos.

Una familia no es una democracia en la cual todo es discutible por todos. Los padres, entre otras funciones, tienen la de velar por el cumplimiento de ciertas pautas referidas fundamentalmente a la educación, los valores, qué está bien y qué está mal. Por supuesto que esto no puede ni debe ser confundido con actitudes autoritarias. Si bien las pautas no pueden ser discutidas, deben ser explicadas y fundamentadas. Tampoco las pautas pueden ser rígidas. Los padres pueden decidir en qué momento se le compra una golosina al hijo y este podrá elegir cuál, dentro de los parámetros ofrecidos por los padres.

El mundo, que es el contexto en el cual vive la familia, es cambiante; por lo tanto, ella está expuesta a desafíos permanentes. Una característica de las familias funcionales es que están abiertas a los cambios y a lograr nuevos equilibrios.

Los miembros de familias funcionales guardan una distancia óptima entre sí, alternando momentos de distancia y acercamiento adecuados y satisfactorios. No funcionan en forma dispersa ni pegoteada. De todos modos, en este punto, considero muy importante tener en cuenta que cada familia es singular y la "sensación" de proximidad o distancia es muy difícil de evaluar desde afuera. Quizás el parámetro más importante en este sentido (como en tantos otros) sea la satisfacción de las personas más allá de lo que "debería" ser.

También se puede apreciar el funcionamiento de una familia desde el punto de vista estético, como en el caso de un ballet o de un equipo deportivo: cada integrante cumple funciones diferentes, pero cuando todos lo hacen en forma armoniosa son estéticamente funcionales.

Familias disfuncionales

Vivir la vida nos da satisfacciones y también muchas tensiones. Las familias están expuestas a tensiones por cuestiones íntimas como el nacimiento de los hijos, su crecimiento hasta que se independizan, una muerte, un divorcio, etcétera, o por sus vínculos con el mundo exterior como mudanzas, cambios en las condiciones de trabajo, cambios profundos en la sociedad en el plano de los valores, etcétera. En el caso de las EF, se les agregan las tensiones propias del negocio. Estas tensiones pesan sobre el sistema familiar y requieren un proceso de adaptación, una transformación constante de su interacción, capaz de mantener la continuidad de la familia, por un lado, y de consentir el crecimiento de sus miembros, por otro.

Hay familias que sostienen mejor estas tensiones, y otras a las que les cuesta mucho y se sienten desbordadas.

Hemos visto lo difícil que es definir una familia "normal", razón por la cual me decidí por hablar de familias funcionales. Para ser coherente con esta elección, prefiero ahora hablar de "familias disfuncionales" para referirme a aquellas que generan en sus componentes más insatisfacciones que satisfacciones. Aquellas en las que la gente se suele sentir a disgusto y evita el contacto con los demás miembros. Estas familias se sienten desbordadas por las tensiones. Ya no son generadoras sino consumidoras de energía: la convivencia agota.

En estas familias, las pautas de convivencia suelen ser fijas y rígidas, se aplican indiscriminadamente, sin tener en cuenta la existencia de situaciones diferentes. Las relaciones suelen ser débiles y distorsionadas tanto hacia el interior de la familia como con el mundo exterior. Es como si se dejara la temperatura fija del agua de la ducha y/o de la calefacción o refrigeración durante todo el año independientemente de la temperatura ambiente.

En estas familias domina la angustia, la privación emocional, el sentimiento de culpa, y más la obediencia que el respeto.

Andolfi[5] se refiere a este tipo como "familias rígidas" porque, como vimos, no están abiertas a los cambios y esto afecta su equilibrio. Muchas familias se sienten incapaces de llevar adelante modificaciones a pesar del sufrimiento que les produce el desequilibrio y uno de los motivos es el miedo debido a la creencia de que se causará una catástrofe si se cambia. El cambio es vivido como un fantasma que asusta. Este miedo limita el desarrollo y la autonomía, y facilita la dependencia al congelarse el proceso de maduración emocional. Así es como uno ve adultos que se comportan emocionalmente como niños sin importar la edad ni su función en la familia. Pueden ser los padres o los hijos adultos indistintamente. Las reacciones y las conductas suceden como si el tiempo no hubiese pasado, por eso hablo de congelamiento. En las EF se ven adultos lúcidos y formados que se sienten

---

5. Andolfi, M.: *Detrás de la máscara familiar*, Amorrortu Editores, Buenos Aires, 1985.

incapaces de tomar una decisión si no lo consultan con uno de sus padres.

En estas familias, se habla y se practica poco el amor, el cariño y la ternura. En cambio, se practica el poder y el estatus. El manejo del dinero es condicionado y se utiliza como premio o castigo. En EF con estas características esto suele justificarse con infinidad de argumentos inconsistentes: se da o se quita discrecionalmente dinero, poder o estatus incluso a los hijos adultos.

Quiero llamar la atención sobre lo siguiente: si existen familias con estas características no es porque sean malas personas o porque disfruten comportándose de esta forma; al contrario, sufren y mucho. Entonces debemos ser muy cuidadosos cuando entremos en tratos con ellos porque con mucha facilidad podemos "comprar" su estilo y ser un elemento más de la disfuncionalidad (rechazarlos, juzgarlos, "castigarlos"). Por el contrario, debemos ser muy pacientes, más que con otras familias, y ofrecerles alternativas a sus comportamientos habituales con mucho cuidado y teniendo en cuenta que son fundamentalmente guiados por el temor.

Con mucha ligereza, la gente (incluidos los consultores y profesionales) coloca rótulos a otras personas. Los rótulos suelen ser peligrosos, sobre todo, los de connotación negativa porque confunden la descripción de una conducta (lo que hace) con la identidad de esa persona (lo que es). Una vez instalados, esos rótulos refuerzan las conductas y la existencia de esa identidad: "el enfermo", "el loco", "el insignificante", "el vago", "el irresponsable", etcétera. Lo mismo sucede con las familias. En ese sentido quizás la denominación de familias disfuncionales no sea muy feliz porque constituye en sí misma una rotulación negativa.

Si como profesional descubre que "armó" una rotulación negativa sobre una familia y no la puede modificar, lo aconsejable es que dé un paso al costado porque no podrá ayudarla. Como decía el desaparecido profesor Giancarlo Cecchin, "nadie cambia bajo una connotación negativa".[6]

Estoy convencido de que cualquier familia "disfuncional" puede volverse funcional. Dado que la mayoría de los factores que originan los conflictos se aprenden después de nacer, también pueden desaprenderse y aprenderse nuevas formas en su lugar.

La cuestión es ¿cómo?

Posiblemente a una familia que sufre le resulte muy difícil hacerlo por sus propios medios y con los recursos con los que cuenta ya que seguramente a pesar de contar con los medios para mejorar, no los reconocen. Entonces puede que necesiten de ayuda exterior, ayuda que excede las posibilidades de los consultores y profesionales que trabajan con EF pero que sí pueden brindar los terapeutas familiares.

Ahora bien, para pedir ayuda de afuera lo que deben hacer los miembros de una familia que sufre es:

- Primero: aceptar que la familia *es* una familia que sufre y en la que se sufre.
- Segundo: estar convencido de que la mejora es posible y que no es mucho lo que hace falta para conseguirla.
- Tercero: ser activo, hacer algo al respecto y no sentirse mal ni avergonzado por pedir ayuda. A nadie con un dolor de muelas se le ocurriría pensar que tiene que resolverlo por sí mismo y que no va a aceptar que alguien ajeno "husmee" en su dentadura.

Lo más probable es que las causas de las dificultades familiares hayan sido invisibles para todos –no porque no

---

6. Gianfranco Cecchin, comunicación personal durante el Simposio Nuevos Paradigmas, Cultura y Subjetividad, Buenos Aires, 1991.

las quisieran ver, sino más bien porque no sabían dónde buscarlas o habían aprendido a ver la vida a través de "anteojos" mentales que les impedían ver con claridad.[7] Ese es el lugar del "ajeno"; ayudar a ver las cosas con ojos nuevos, ayudar a la familia que sufre a contarse una historia diferente de sí misma.[8]

Complejidad de la familia

Tradicionalmente, pensamos que una familia se funda con la unión de un hombre y una mujer que forman una pareja pero, en la actualidad, este concepto está muy cuestionado, por lo que decimos que una familia se funda con la unión de dos personas. Cada uno de ellos viene, a su vez, de una historia en su propia familia de origen. Así, tenemos tres unidades: cada individuo y la pareja. Cuando nace su primer hijo, pasamos a tener siete unidades: tres personas, tres pares y un triángulo. Cuando nace un segundo hijo, crece el número de unidades. Por eso una familia es tan compleja en su estructura y en su funcionamiento.

Cada uno de los miembros puede tener una idea diferente de lo que significa desempeñar su papel y de lo que significa el de los otros. Muchos de los vínculos familiares se dan a través de triángulos (tres personas) y estos suelen ser muy complicados ya que es común que se armen grupos: uno de dos personas y otro de una. Si todos no están atentos a las vicisitudes de estas relaciones, habrá problemas. Cuando uno forma parte de un triángulo, va a haber momentos en los que va a sentirse excluido, en palabras de Virginia Satir: "Como solamente dos personas pueden rela-

---

7. Satir, V.: *op. cit.*
8. Press, E.: "Los cuentos de la historia, hacia una nueva manera de mirar". En *Sistemas Familiares*, año 10, n° 2, Buenos Aires, 1994.

cionarse a la vez, el triángulo siempre incluye a alguien que está de más".[9] El momento en que uno no es mirado es un momento de exclusión. Esto no es fácil de tolerar.

Cuando se encuentran situaciones conflictivas en las familias de EF, una tarea interesante y beneficiosa es explorar cuáles son los triángulos que no están funcionando bien (que pueden incluir a miembros de la familia que no trabajen en la empresa). Recuerdo una situación en la que, en la empresa, trabajaban el padre y sus hijos. En el proceso diagnóstico, tuve una entrevista personal con cada uno. Durante la reu-

9. Satir, V.: *op. cit.,* p. 148.

nión con uno de los hijos, noté en el tipo de afirmaciones que hacía sobre el padre (negativas) que había algo extraño; entonces pregunté que pensaría la madre si lo escuchara, a lo que, rápidamente contestó que estaría de acuerdo ya que "es lo que ella siempre dice" (del padre).

Me importa mucho aclarar que mis intervenciones siempre apuntan a generar experiencias nuevas; ahí está puesto el acento y no en ir contra las experiencias disfuncionales. En el ejemplo anterior, el objetivo no era "atacar" la alianza madre/hijo sino fortalecer el vínculo padre/madre e hijo/padre siempre en el ámbito de la empresa y en el contexto del trabajo en las EF.

Por eso insisto en la importancia de que los profesionales conozcan cómo funcionan las familias, no para hacer terapia familiar sino para que, en casos como el del ejemplo, si detectan una situación parecida puedan desarrollar actividades que faciliten el acercamiento padre/hijo.

Muchos de los conflictos que aparecen en las familias empresarias tienen que ver con las diferencias en las expectativas de cada miembro respecto de cómo debe ser la conducta de los otros. Por eso, es muy importante revisar con ellos cuáles son sus ideas acerca de lo que significa su papel y el de los demás. Es sorprendente que en la mayoría de las EF sea habitual que no se converse sobre lo que cada miembro de la familia espera del otro y sobre cuáles son las tareas específicas y responsabilidades de cada uno. Cuando uno comienza a explorar, se encuentra con que, en general, son situaciones bastante confusas. La propia conversación y la puesta sobre la mesa de estos asuntos suelen generar un importante descenso de la tensión familiar.

Recuerdo a un padre dueño de un grupo de empresas, durante un proceso de confección del Protocolo Familiar (ver Capítulo 6), que me decía que en su familia la función de su mujer fue la de criar a sus hijos y esperaba que en las familias de sus hijos fuese igual: la mujer dedicada exclusivamente a criar a los hijos. Sus hijos (un varón y una mujer, ambos con hijos, unidos en pareja sin haberse casado) se sorprendieron de que esa fuese una expectativa del padre, nunca lo habían conversado. Por supuesto, se negaron a que constara esa expectativa en el protocolo, lo que, con alguna resistencia, fue aceptada por el padre. A raíz de esta puesta sobre la mesa de las expectativas de cada uno, pudimos entender por qué la hija mujer sentía que su lugar era devaluado en la empresa (cabe aclarar que esta hija es licenciada en marketing) ya que su papá creía que el lugar de su hija estaba en su casa criando a sus hijos y no en la empresa. Expectativa diferente de la de su hija y su yerno.

Es interesante destacar que nunca habían hablado sobre estos puntos; simplemente daban por hecho que sus puntos de vista respecto a sus papeles eran iguales.

CAPÍTULO 2

LAS ORGANIZACIONES. LAS EMPRESAS

Desde los faraones, en la construcción de las pirámides, hasta un ejecutivo de una fábrica de heladeras o de una empresa de servicios, todos han tenido que diseñar estrategias para que muchas otras personas pudieran llevar adelante sus tareas dentro de un cierto tipo de organización.

Era (y es) necesario saber **qué** se quiere lograr, **cómo** se organiza el trabajo para conseguirlo (plan), cómo reclutar, entrenar y ubicar a las personas (con **quién** se cuenta), cómo crear buenas condiciones para que el trabajo o la actividad se realicen (**recursos**), y estar atentos a las dinámicas internas y externas para manejar los cambios. Todos estos aspectos que hacen al funcionamiento de una organización han sido los mismos a través de la historia.

Son las organizaciones las que cambiaron a lo largo de la historia, sobre todo las empresas porque son muy recientes en la historia de la humanidad: no cuentan con más de doscientos años de existencia. La máquina de vapor ha sido el motor inicial de la Revolución Industrial desde fines del siglo XVIII en adelante, aceleró el desarrollo económico de muchos de los principales estados de Europa Occidental y de los Estados Unidos, y modificó las estructuras de las organizaciones productoras de bienes y servicios (empresas).

Como hemos visto en el capítulo anterior, las organizaciones sociales eran agrupaciones de personas que habitualmente seguían a las manadas de animales nómadas en busca de alimentos y agua. Eran grupos dentro de los cuales se satisfacían todas las necesidades de las personas.

De manera simple y esquemática, podemos decir que con la esclavitud comienza a darse cierto tipo de organización para el trabajo (se mantuvo hasta no hace demasiado tiempo) a la cual le siguió la organización feudal donde la posición social estaba dada por herencia, y el ascenso social y económico, por las guerras. El más rico era el que detentaba el poder sobre más territorio.

Junto con la Revolución Industrial apareció el dinero como método de intercambio comercial, el salario como parte del contrato de trabajo y una clase especial de trabajadores: los asalariados. La gente ya no vendía su trabajo sino que comenzaba a vender su tiempo. Esto significó un cambio muy importante en la estructura económica de la época.

También la evolución en los recursos energéticos tuvo una fuerte incidencia en el desarrollo de las organizaciones. En un principio, la energía era viviente y renovable (hombres y animales), luego recibió la ayuda de dos instrumentos todavía en vigencia: la rueda y la palanca. El invento de la máquina de vapor dio lugar a un desarrollo vertiginoso de nuevas formas de producción que propició otros tipos de organización para el trabajo. La Revolución Industrial trajo aparejado cambios en todo tipo de organizaciones (de salud, para la educación, la familia, etcétera). Además, comenzaron a utilizarse recursos no renovables como carbón, petróleo o gas a los que, hoy en día, se suman otros recursos renovables como las energías hídrica y eólica. Actualmente, la energía atómica, así como la ciencia electrónica y la robótica, han modificado la composición humana de las organizaciones productivas; en ese sentido ocupan los primeros lugares en puestos de trabajo las empresas de servicios y de información. Esto afectó la composición humana de las organizaciones. El lugar de las personas. Al comienzo la fuerza física era la energía productiva; en el día de hoy prácticamente desaparecieron los trabajos que requieran este tipo de energía. Las demandas laborales exigen otro tipo de fuerzas como las del conocimiento y las aptitudes relacionales.

Junto con las organizaciones, aparecieron los teóricos sobre el tema. Diferentes corrientes comenzaron a aparecer de la mano de hombres como Taylor, creador de la teoría científica del trabajo; Weber, creador de la burocracia e impulsor de la ética protestante en el trabajo, y Mayo, creador de la corriente psicosocial. Todos ellos aportaron nociones de las cuales muchas siguen vigentes. A mediados del siglo pasado, Maslow investigó e introdujo, en la teoría y la práctica de la gestión organizacional, conceptos sobre la motivación de las personas que fueron aplicados rápidamente a las situaciones laborales. Todos ellos hoy son considerados clásicos en la teoría organizacional.

En las últimas décadas del siglo XX, una gran cantidad de autores aportaron elementos muy interesantes mientras otros tuvieron un momento de auge y se perdieron en los tiempos. La palabra "management" se hizo familiar entre la gente de empresas. Edgar Schein, Peter Senge y Peter Drucker quizás hayan sido los más innovadores en la ciencia de la organización después de los clásicos. Es a partir de estos autores que comienza a percibirse a las empresas como organizaciones sociales además de órganos económicos.

Deming "inventó" la calidad, le dio un lugar y una importancia en los procesos que no tenía hasta ese momento (década del 60 del siglo pasado) y se lo considera el padre del desarrollo como potencia productiva y tecnológica de Japón.

Aparecen conceptos tales como "excelencia" y "reingeniería" de la mano de Thomas Peters y Robert Waterman, y Michael Hammer y Michael Champy, respectivamente.

Más recientes son autores como McGregor con su teoría X e Y; Herzberg con su maravillosa teoría motivacional de factores higiénicos y factores motivadores; Goleman con la inteligencia emocional; Ury y Fisher, padres de las técnicas de negociación modernas; Kahneman, psicólogo y premio Nobel de Economía de 2002 con sus aportes sobre la psicología de las decisiones, y Mintzberg, un cuestionador de casi todos los anteriormente nombrados.

Todos ellos de una manera u otra nos ayudan a entender en el día de hoy cómo funcionan las empresas.

La empresa

La empresa es un tipo de organización cuyas características principales son estar integrada por personas, disponer de un capital y un conjunto de recursos técnicos y materiales, y poseer una dirección que coordine estos elementos hacia la producción de bienes o servicios y obtener utilidades. Las personas que emplea cobran un salario a cambio del trabajo que realizan.

Dado que el concepto de sistema nos permite "ver" los vínculos del todo con las partes y de las partes con el todo, y "social" quiere decir que está formado por seres vivos (personas) en relación permanente, cuyas acciones se influyen recíprocamente todo el tiempo, me es útil pensar las empresas, igual que me sucede con las familias, como sistemas sociales.

La relación entre el capital y el trabajo se toma, en general, como una lucha de intereses contrapuestos. Muchas ideas sobre las empresas y los empresarios, algunas ciertas y otras prejuiciosas, se han desarrollado y crecido al amparo de teorías económicas, políticas y filosóficas. Para algunos, tener una empresa es símbolo de estatus; ser empresario significa algo parecido a tener un título nobiliario. Para otros, es la posibilidad de dar trabajo y cumplir una función social, y les importa ser reconocidos por eso. Tener una empresa y ser empresario hoy día no resulta indiferente, para bien o para mal. Quizás con la misma intensidad los empresarios y las empresas se han ganado buena y mala fama.

Están aquellos para los cuales empresa y empresario significan esfuerzo, trabajo, inversión, riesgo, estudio y responsabilidad, y aquellos para quienes significan explotación, riquezas, privilegios, negociados, buena vida y amistad con el poder de turno.

Para unos, la palabra empresario abre puertas, mientras que para otros, las cierra.

La población de empresas y empresarios es tan amplia que caben todos, los "buenos" y los "malos". Me consta el esfuerzo de cientos y cientos de empresarios de pymes que todos los días "abren" su empresa y trabajan como uno más lidiando con todas las responsabilidades que implica. La mayoría de las EF está formada por este tipo de empresarios.

Obviamente, quienes más ayudaron a crear la mala fama de los empresarios son los que más se exponen, los amigos del poder de turno porque son empresarios o para poder serlo. Son aquellos que tienen como única finalidad agrandar su riqueza y hacer negocios sin importarles las consecuencias sobre las personas y/o el medio ambiente. A lo largo de mi vida como consultor, he tenido poco contacto profesional con este tipo de empresas y empresarios, no solo por no haberlo querido sino básicamente porque no utilizan servicios como los que yo ofrezco porque justamente jerarquizan el lugar de las personas.

Afortunadamente la gente que acude a mí no ve a su personal como enemigos, sino que son serios y responsables, y cuando les va mal se restringen, de la misma manera que cuando les va bien también le va bien a la gente que trabaja en sus empresas.

Creo que no es lo mismo trabajar en un tipo de empresa que en otro, cada uno tendrá que considerar la ecuación costo/beneficio en el momento que le toca vivir. De acuerdo con mi experiencia, en el momento de tomar una decisión, la gente elige por el tipo de trabajo, por el clima laboral, por la posibilidad de hacer carrera, por lo que puede aprender, más que por el monto de su salario.

Los que no puedan elegir tendrán que adoptar la actitud que toman algunas personas respecto de los cambios meteorológicos: aguantar el chubasco hasta que cambie el tiempo ya que, como dirían otros, "no hay mal que dure cien años".

La empresa como sistema

¿Qué puedo decir de las empresas?

Escribí más arriba que las empresas son sistemas sociales y que un sistema social está formado por personas que están en relación permanente y sus acciones se influencian recíprocamente todo el tiempo. Con esto quiero decir que cualquier acción realizada en un rincón de una empresa tarde o temprano va a influir en el resto, y que cualquier acción realizada en otro lado va influir en ese rincón.

En este sentido, es muy difícil entender cómo funciona una empresa si pensamos en "sus partes" aisladamente (cosa muy común todavía). Nos encontramos con directivos que nos dicen que tienen tal o cual problema en esta área y en esta otra; pierden la visión de que los problemas son de la empresa en su conjunto.

Pensar la empresa en compartimientos aislados facilita la dispersión de las "culpas" cuando algo no sale bien, pero dificulta encontrar soluciones. Un cliente se queja por el costo de la financiación, los de finanzas le echan la culpa a los de cobranzas, los de cobranzas a los de ventas, los de ventas a los de expedición, los de expedición a los de producción, los de producción a los de finanzas y todos a recursos humanos. En esta búsqueda del "culpable" se pierde mucha energía, se diluyen las responsabilidades pero por sobre todo se reducen las posibilidades de mejorar.

Pensar las empresas como sistemas tiene sus beneficios porque nos permite entender fenómenos que, de otra manera, serían incomprensibles. Nos posibilita relacionar procesos unos con otros y visualizar sus relaciones.

¿Cuáles son los conceptos sobre sistemas que resultan útiles? Estos conceptos, si bien son teóricos, permiten comprender mejor qué es el pensamiento sistémico y cuál es su aplicación. Veamos cuáles son.

Propiedades de los sistemas

Totalidad: el sistema trasciende con amplitud las características individuales de los miembros que lo integran. No es una sumatoria de componentes sino que posee una complejidad y una originalidad propias. Cualquier cambio en una de las partes afecta a todas las demás y hace que todo el sistema pase a ser diferente de lo que era antes.

En las empresas, todas las áreas (y las personas que las integran) están interconectadas de manera permanente y se influencian unas a otras todo el tiempo. Es muy común que los directivos describan que, en sus empresas, los distintos sectores trabajan como si fueran islas. Esto significa que las decisiones se toman en forma aislada del resto sin tener en cuenta las consecuencias en el conjunto de la organización. En muchas ocasiones, esto trae como consecuencia un aumento en el costo del funcionamiento por la duplicación de tareas, por la cantidad de errores y por un aumento de la energía puesta en juego.

La idea de "islas" es una ilusión. La mayoría de los problemas (y situaciones conflictivas) en las empresas aparecen justamente por no percibir la interacción existente.

Cuando aparece la queja de un cliente, la "culpa" comienza a circular por los distintos sectores hasta que finalmente se diluye la responsabilidad y de un modo arbitrario se la hace recaer sobre un sector determinado (o una persona). Encontrar el "culpable" (cosa que en general se hace bastante rápido) impide aprender de la experiencia y evitar el mismo "error" en el futuro.

Autorregulación (cambio y estabilidad): los sistemas disponen de mecanismos a través de los cuales la información circula hasta llegar al lugar inicial para ser corregida o ampliada constantemente. Estos mecanismos de retroalimentación (*feedback*) funcionan de tal forma que permiten la estabilidad y los cambios del sistema.

Las relaciones en las empresas, que son los procesos que las constituyen, son avenidas de ida y vuelta: la circulación de la información es constante y en todas las direcciones. Esta función de autorregulación es la que permite que una empresa sostenga su identidad a través del tiempo, aunque cambien sus directivos, se mude, reemplace el personal o cambie de rubro, su SER empresa permanece constante. Esto sucede porque existen tanto mecanismos para el cambio como para la estabilidad que mantienen el sistema en un equilibrio dinámico.

Equifinalidad: las modificaciones que se producen dentro de un sistema, al sucederse en el tiempo, son totalmente independientes de las condiciones iniciales. Derivan más bien de los procesos internos del sistema y de las pautas estipuladas. Por eso, de condiciones iniciales iguales pueden surgir resultados diferentes.

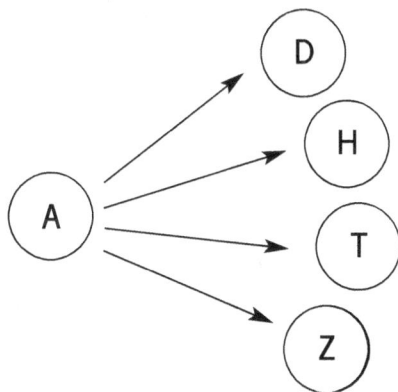

Figura 1

Lo decisivo no son, entonces, las condiciones iniciales, sino cómo se configuran internamente los procesos del sistema en un momento preciso.

También existe el camino inverso, ya que se puede llegar a una misma situación partiendo de lugares diferentes.

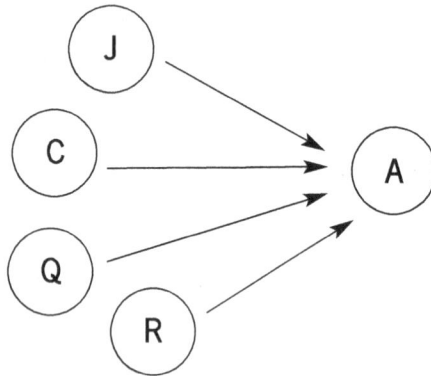

Figura 2

Este punto es sumamente importante porque sale al cruce de los conceptos de causalidad y de predicción. Si el estado de un sistema es independiente de las condiciones iniciales, estas no pueden ser consideradas como "causa". Si además desde diferentes condiciones iniciales se puede llegar al mismo estado de un sistema, es muy difícil predecir la evolución teniendo en cuenta solo sus condiciones iniciales.

Esto es de fundamental importancia porque nos permite (y nos obliga a) tener en cuenta la multiplicidad de factores que intervienen en un proceso determinado, fundamentalmente cuando estamos frente a un problema o un proceso de cambio. Nos hará ser muy cuidadosos a la hora de tomar decisiones, ya que soluciones exitosas en otros momentos o en otras empresas pueden no serlo ahora o en la nuestra, y también lo opuesto: lo que no funcionó en un lugar puede funcionar en otro.

Esto vale también para las personas, el desempeño (*performance*) de una persona puede ser muy diferente en distintos lugares, en diferentes momentos y con distintos interlocutores. Esto es un problema para los procesos de selección y/o de evaluación ya que no pueden tenerse certezas respecto de si tal o cual persona dispone de buenas cualidades para, por ejemplo, las relaciones interpersonales o de liderazgo. Generalmente, depende del contexto ya que los diferentes contextos facilitan o traban la emergencia de virtudes y defectos. Una persona puede mostrar, en las etapas de selección, excelentes antecedentes y cualidades para dirigir y coordinar equipos de trabajo pero, una vez dentro de la empresa, se enamoró de alguien o apareció uno de los miembros del equipo mostrándose súper competitivo con el coordinador, sobrepasa sus diques de contención, "se engancha" y todas esas cualidades se ven disminuidas.

Después viene el reclamo al sector de RRHH por el error en la selección. ¿Fue un error o el error es creer en la infalibilidad de las predicciones?

La empresa como organización

Edgar Schein[1] define a una organización como la coordinación planificada de las actividades de un grupo de personas para procurar el logro de un objetivo o propósito explícito y común, a través de la división del trabajo y las funciones, y mediante una jerarquía de autoridad y responsabilidad.

Siguiéndolo a Schein, podemos describir una **empresa** como un sistema económico-social, en el cual la **coordinación** se produce entre un **grupo de personas** con el **objetivo** de realizar una producción socialmente útil, de acuerdo con las exigencias del bien común y con la **finalidad** de lucro. Los elementos necesarios para formar una empresa son: capital, trabajo y recursos materiales bajo una **dirección** que los **integra** y dirige.

---

1. Schein, E.: *Psicología de la Organización,* Pearson Educación, Prentice Hall Hispanoamérica, México, 1982.

La mayoría de las empresas se dan una forma jurídica (como vamos a ver enseguida) y están sujetas a las normas que el Derecho establece con reglas que pueden variar de país en país y que se modifican con el tiempo.

Clasificación de las empresas

Existen numerosas diferencias entre unas empresas y otras. Sin embargo, según el aspecto que tomemos, podemos clasificarlas en diferentes tipos.

Según la **actividad o rubro** pueden clasificarse en:

– **Industriales**. La actividad primordial de este tipo de empresas es la producción de bienes mediante la transformación de la materia o extracción de materias primas. Las industrias, a su vez, se clasifican en:

• Extractivas: cuando se dedican a la explotación de recursos naturales, ya sea renovables o no renovables. Ejemplos de este tipo de empresas son las pesqueras, madereras, mineras, petroleras, etcétera.
• Manufactureras: cuando transforman la materia prima en productos terminados, y pueden ser:
– De consumo final, si producen bienes que satisfacen de manera directa las necesidades del consumidor. Por ejemplo: prendas de vestir, alimentos, aparatos eléctricos, etcétera.
– De producción, si satisfacen a las de consumo final. Por ejemplo: maquinaria ligera, productos químicos, etcétera.

– **Comerciales**. Son intermediarias entre productor y consumidor, y su función primordial es la compra/venta de productos terminados. Pueden clasificarse en:

- Mayoristas: venden a gran escala.
- Minoristas (detallistas): venden al menudeo.
- Comisionistas: venden lo que no es suyo (dan a consignación).

– **Servicio**. Son las que brindan servicios a la comunidad y se encuentran en los siguientes rubros:

- Transporte
- Turismo
- Servicios públicos (energía, agua, comunicaciones)
- Servicios privados (asesoría, ventas, publicidad, contable, administrativo)
- Educación
- Finanzas
- Salubridad
- Estética

Dado que una empresa es una sociedad comercial, puede también clasificarse según **la forma jurídica**.

– **Unipersonal**, en las cuales el propietario (único) se representa a sí mismo y responde con la totalidad de sus bienes ante terceros.
– **Sociedad propiamente dicha**, donde hay dos o más personas asociadas. Estas sociedades pueden adoptar tipos jurídico o no jurídico.
  - **Tipo no jurídico**: los miembros no tienen un sentido de unidad ante terceros y responden con todo su patrimonio, sin límites y solidariamente ante terceros.
  - **Tipo jurídico**: los miembros constituyen una unidad jurídica como si fuesen un individuo.
    - *Sociedades colectivas*. Los socios responden con la totalidad de su patrimonio, sin límite. Un tercero

puede accionar contra la sociedad y/o contra cualquiera de los miembros que la componen.

- *Sociedad de responsabilidad limitada (SRL),* también llamadas intermedias, se caracterizan por la importancia del aporte que cada miembro realiza para constituir la sociedad. Los integrantes responden ante terceros en forma limitada a la totalidad del aporte que hicieron. El capital se divide en cuotas sin representación física y hay un registro pero no un documento que represente la cuota. En la constitución, existen mecanismos para que los socios tengan un lugar preferencial en la compra/venta de dichas cuotas.
- *Sociedades anónimas (SA),* en este caso, el capital también está dividido en partes iguales (cuotas como en las SRL) que reciben el nombre de acciones y tienen una representación física: certificados provisorios o títulos definitivos. Cada acción tiene un dueño con nombre, apellido y código de identificación laboral. Pueden ser endosables o no endosables.

Según su dimensión

No hay unanimidad entre los economistas a la hora de establecer qué es una empresa grande o pequeña, puesto que no existe un criterio único para medir el tamaño. Los principales indicadores son: el volumen de ventas, el capital propio, número de trabajadores, beneficios, etcétera. El indicador más utilizado suele ser la cantidad de trabajadores. Este criterio delimita la magnitud de las empresas de la forma mostrada a continuación:

- Microempresa: si posee hasta 10 trabajadores.
- Pequeña empresa: si tiene entre 11 y 50 trabajadores.

- Mediana empresa: si tiene entre 51 y 250 trabajadores.
- Gran empresa: si posee más de 250 trabajadores.

Según su ámbito de actuación

En función del ámbito geográfico donde las empresas realizan su actividad, se pueden distinguir:

1. Locales.
2. Regionales.
3. Nacionales.
4. Multinacionales.
5. Transnacionales.
6. Mundiales.

Según la titularidad del capital

1. Empresa privada: si el capital está en manos de accionistas particulares (empresa familiar si es la familia, empresa autogestionada si son los trabajadores, etcétera).
2. Empresa pública: si el capital y el control están en manos del Estado.
3. Empresa mixta: si la propiedad es compartida.

Según la cuota de mercado que posean

1. **Empresa aspirante:** aquella cuya estrategia va dirigida a ampliar su cuota frente al líder y demás empresas competidoras, y según sus objetivos, actuará de una u otra forma en su planificación estratégica.
2. **Empresa especialista**: aquella que responde a necesidades muy concretas, dentro de un segmento de mercado, fácilmente defendible frente a los competidores

y que puede actuar casi en condiciones de monopolio. Este segmento debe tener un tamaño lo suficientemente grande como para ser rentable, pero no tanto como para atraer a las empresas líderes.

3. **Empresa líder**: aquella que marca la pauta en cuanto a precio, innovaciones, publicidad, etcétera, y que normalmente es imitada por el resto de los actuantes en el mercado.

4. **Empresa seguidora**: aquella que no dispone de una cuota suficientemente grande como para inquietar a la empresa líder.

Cualquier empresa de las descritas puede ser una EF, excepto aquellas en las que el capital no pertenece a la familia. Existen EF de diferentes tamaños, con diferentes cuotas de mercado y con diferentes ámbitos de actuación, desde el barrio hasta el mundo todo.

Características de una empresa

Elementos que la componen

- Factores activos: empleados, propietarios, sindicatos, bancos, etcétera.
- Factores pasivos: materias primas, transporte, tecnología, conocimiento, contratos financieros, etcétera.
- Organización: coordinación y orden entre todos los factores y las áreas.

Factores activos

Las personas físicas y/o jurídicas (entre otras entidades mercantiles, cooperativa, fundaciones, etcétera) pueden constituir una empresa mediante el aporte, entre otros, de capital (sea puramente monetario, de tipo intelectual, patentes, etcétera). Estas "personas" se convierten en accionistas de la empresa.

Participan, en sentido amplio, en el desarrollo de la empresa:

- Administradores.
- Clientes.
- Colaboradores y compañeros.
- Fuente financiera.
- Accionistas.
- Suministradores y proveedores.
- Trabajadores.

Factores pasivos

Todos los utilizados por los elementos activos y que ayudan a conseguir los objetivos de la empresa, como la tecnología, las materias primas, los contratos financieros de los que dispone, etcétera.

Áreas funcionales

Son las que componen la organización jerárquica y departamental de una empresa.

Dentro de una empresa existen varios departamentos o *áreas funcionales.* Una posible división es:

- Producción y logística.
- Dirección y recursos humanos.
- Comercial (marketing).
- Finanzas y administración.
- Sistemas de información.
- Ventas.

Pueden estar juntas o separadas en función del tamaño y el modelo de la empresa.

Esta diferenciación en áreas es uno de los mayores déficit en las EF. La mayoría de las veces, cuando estas áreas existen, sus incumbencias suelen ser difusas (un poco más que en empresas no familiares), y mucho más cuando dichas áreas están a cargo de miembros de la familia.

De la empresa moderna

En el ejercicio de su actividad económica, la empresa moderna proporciona al público un abastecimiento oportuno y adecuado, y una distribución efectiva de bienes y servicios.

A través de la difusión del crédito (siempre y cuando no estemos en la parte baja de alguno de los ciclos de crisis/estabilidad económica) se incrementa la capacidad de compra de grandes sectores de la población, y por medio de la publicidad se transmite el conocimiento de nuevos y útiles (aunque a veces no tanto, pero ese es otro tema) productos para satisfacer sus necesidades generales. Además, el aumento en la productividad y la producción en masa permiten la reducción de los precios, en comparación con los de la producción a baja escala o artesanal de antaño.

Sin embargo, lo que hoy se espera de las empresas no es simplemente que cumplan con sus finalidades económicas. En general, se espera que ellas tomen parte también en otras áreas de la vida social y aporten soluciones.

Hoy en día, las empresas deben sobrevivir y desarrollarse en el contexto de una economía globalizada que tiene desarrollos y reglas desparejas. Una economía con estas características necesita un marco de control y supervisión claros por parte del Estado (y organismos internacionales). Esto implica un sistema monetario adecuado, una política de créditos, un orden jurídico que impida abusos y cuide la posibilidad de que hagan negocios exitosos todos los que estén en condiciones de hacerlo, así como medidas que aminoren las desviaciones propias del sistema económico mundial actual y proteja la posibilidad de que también las empresas más débiles hagan negocios.

Las obligaciones de los Estados no eximen la responsabilidad de cada empresa, independientemente de su tamaño y su localización, de cumplir con sus obligaciones para con sus empleados y para con el propio Estado (pago de impuestos, aportes para la seguridad social, etcétera).

Los directivos (en este libro, los directivos de una EF y sus herederos) deben ser concientes de que sus decisiones (desde modernizar una planta, despedir personal, importar o exportar, cerrar, etcétera) además de afectar a su negocio y a su familia también repercute en muchas otras personas con quienes tienen su cuota de responsabilidad. Por esto, la empresa es una institución clave de la vida económica de la sociedad.

Esencialmente, es un grupo humano al que unos aportan capital; otros, trabajo, y otros, dirección con las siguientes finalidades económicas:

- Externa: la producción de bienes o servicios para satisfacer necesidades de la sociedad.
- Interna: la obtención de un valor agregado para remunerar a los integrantes de la empresa. A unos, en forma de utilidades o dividendos y a otros, en forma de sueldos, salarios y prestaciones. Esta finalidad incluye la de abrir oportunidades de inversión y de empleo. Se ha discutido mucho sobre si una de estas dos finalidades está por encima de la otra. Ambas son fundamentales, están estrechamente vinculadas y se debe tratar de alcanzarlas simultáneamente. La empresa está para servir a los hombres de afuera (la sociedad) y a los hombres de adentro (sus integrantes).

Las finalidades sociales de la empresa son las siguientes:

- Externa: contribuir al pleno desarrollo de la sociedad tratando de que, en su desempeño económico, se respeten los valores sociales y personales fundamentales, y que, en lo posible, se promuevan.
- Interna: contribuir, en el seno de la empresa, al pleno desarrollo de sus integrantes, respetando valores humanos fundamentales y también promoviéndolos.

La empresa, además de ser un sistema económico, es fundamentalmente, como expresé con anterioridad, un sistema social. Está formada por personas y para personas. Por estar inserta en la sociedad a la que sirve no puede permanecer ajena a ella. La sociedad como organización le proporciona la paz garantizada por la ley y el poder público; la fuerza de trabajo y el mercado de consumidores; la educación de sus obreros, técnicos y directivos; los medios de comunicación, y la llamada infraestructura económica. La empresa recibe mucho de la sociedad y existe entre ambas una interdependencia inevitable. Por eso no puede decirse que las finalidades económicas de la empresa estén por encima de sus finalidades sociales. Ambas están indisolublemente ligadas entre sí y se debe tratar de alcanzar unas, sin detrimento o aplazamiento de las otras. Esto es lo que se conoce como responsabilidad social empresarial (RSE), el rol que la empresa tiene para con la sociedad que va más allá de la mera producción y comercialización de bienes y servicios; también implica asumir compromisos con los grupos de interés para solucionar problemas de la sociedad.

De los directivos

Al mismo tiempo que aparecían las empresas como motores centrales en una sociedad, surgía la clase ejecutiva, responsable de dirigir estas entidades económicas y sociales. En el caso de las EF estos ejecutivos suelen ser, al mismo tiempo, los propietarios del capital, los fundadores (en la mayoría de los casos) y los "jefes" de familia. Obviamente con funciones y responsabilidades multiplicadas.

Bajo una mezcla de tareas y retos económicos, tecnológicos y sociales, son estos ejecutivos, en última instancia, los responsables de guiar el quehacer de la empresa y de hacer cumplir su misión: generar valor para los accionistas, los clientes, los empleados y los trabajadores. Definitivamente no es una tarea fácil.

¿En qué consiste la tarea ejecutiva? (válido para cualquier empresa no solo las EF).

Consiste en una tarea económica como es generar resultados de negocio y asignar recursos; en una tarea tecnológica como generar y adaptar la tecnología financiera, comercial, de producción y, por supuesto, de tecnología de administración. Y finalmente, en gestar una arquitectura social participando en la creación de grupos de individuos con valores, visiones, lenguajes e interacciones comunes.

Esto es un desafío en la interacción con el exterior de la empresa, un sistema que cada vez se vuelve más dinámico, al que cada vez se le hacen mayores demandas, con una competencia creciente, con clientes más demandantes, con consejeros mejor preparados para exigir y cuestionar, con una velocidad endemoniada del desarrollo tecnológico y con una nueva clase de empleados con mejor educación y más dispuestos a confrontar el statu quo.

Estos retos externos generan retos internos dentro de la propia persona. El reto de crear certidumbre en un ambiente de incertidumbre y tomar decisiones trascendentes sin tener toda la información disponible, el de tener que cumplir con objetivos que pueden estar en conflicto entre sí; de tomar decisiones difíciles que pocos quisieran tomar, y el de superar continuamente los logros obtenidos.

Debido a lo demandante de la tarea, se ha vuelto común el tema de la relación trabajo/vida familiar. En este aspecto, surgen cuestionamientos que no son fáciles de responder y mucho menos de resolver. En este sentido, las EF son un desafío permanente.

El compromiso con la empresa ha generado, en muchos casos, el conflicto con la familia por la cantidad y la calidad de tiempo dedicado. No se tiene tiempo para la familia y, cuando se consigue, a veces ya es tarde y probablemente ya no se tenga la familia que se quisiera, los hijos habrán crecido, y las expectativas de unos y otros seguramente también sean diferentes de las de años anteriores.

Hay quienes dedican su tiempo a crear un patrimonio familiar que años después paradójicamente se convierte en una causa de conflicto. Para quienes tienen involucrada a la familia en la empresa pueden presentarse también conflictos cuando, por ejemplo, las relaciones padre-hijo se dan en la empresa alrededor de un escritorio, y las de jefe-subordinado se dan en la familia alrededor de una mesa durante una comida familiar como veremos más adelante.

Estos tres aspectos, la empresa, la persona y la familia, son los elementos que componen la función ejecutiva, en una relación dinámica. El desafío de esta tarea es poder integrar armónicamente el desarrollo de todos ellos.

CAPÍTULO 3

LA EMPRESA FAMILIAR (EF)

En capítulos anteriores, hemos visto conceptos que definen las características de una familia, cómo funciona y cómo evoluciona. También hemos analizado algunas definiciones y características de la empresa.

Ahora veremos cómo en la conjunción de familia/ empresa surge la empresa familiar (EF).

Para muchos, la imagen de la EF puede ser la panadería del barrio, el almacén de la vuelta, el taller que fabrica "esas cosas de metal", etcétera. Al fin y al cabo, hay un montón de empresas de esas características en el país pero también existen otras que van desde talleres textiles y metalúrgicos hasta grandes corporaciones y todas son EF.

Cuando los dueños de estas empresas llegan a trabajar cada mañana no están simplemente atendiendo los problemas del negocio, sino que construyen un eslabón más de una larga cadena de emociones y conflictos, de alegrías y frustraciones que se vienen dando desde hace años. Las decisiones de los directivos afectan a las personas de su empresa, algunas de las cuales llevan su propia sangre.

¿Qué es una EF?

Para decirlo de manera sencilla, una EF es una familia que maneja un negocio del cual es propietaria o un negocio propiedad de una familia que, además, lo gestiona. Entonces tenemos tres conceptos (y procesos sociales) que, integrados, definen claramente una EF: la familia, la propiedad y el negocio (fig. 1).

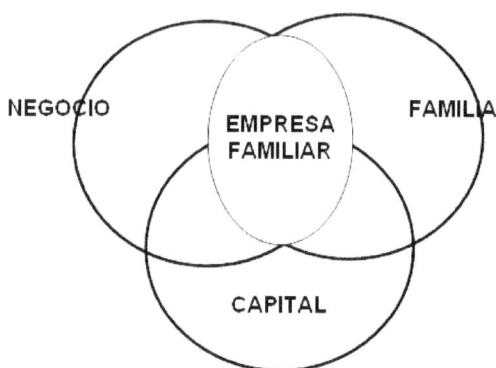

NEGOCIO   EMPRESA   FAMILIA
                 FAMILIAR

                 CAPITAL

Figura 1[1]

Una EF se caracteriza porque en ella se mezcla todo: negocio, propiedad y familia. De aquí, surge el esquema de los tres círculos (fig. 1) para describir una EF donde cada persona que tiene que ver con el negocio familiar puede desempeñar hasta tres roles a la vez: accionista, empleado y familiar.

El hecho de que las mismas personas sean a su vez propietarios, gestores y familia que forman parte de tres sistemas interrelacionados genera una de las organizaciones más complejas del mundo de los negocios.

---

1. Tagiuri, R. y Davis, J.A: "Bivalent Attributes of the Family Firm". En *Harvard Business School*, Cambridge, reprinted 1996, *Family Business*, IX (2), pp. 199-208.

La discusión sobre si es más correcto hablar de empresa familiar, empresa de familia o familia empresaria, a los fines prácticos, me parece irrelevante y, por ende, en esta obra utilizaré esos términos de manera indistinta.

Su propia familia es el recurso más importante que tiene el propietario de una EF. Sus miembros proporcionan a la empresa empleados, nuevas ideas y nueva energía; también le dan al propietario una buena razón para trabajar esforzadamente detrás de sus objetivos; constituyen el motivo por el cual deseará que su empresa sea firme y duradera.

¿Cómo nace una EF?

Con personas, ideas, voluntad, tenacidad, dinero y visión (por lo menos a mediano plazo). Son estos los elementos con los que contaron personas con poco más que algunas ideas interesantes, con mucha constancia y dedicación, con gran confianza en sí mismos, un poco de ingenio, un poco de dinero y trabajo en el momento de iniciar la aventura de ser empresarios.

Estas personas fueron y son pioneros en la creación, diseño, fabricación y distribución de productos y servicios. Otros, en cambio, agregaron valor a productos y/o servicios ya existentes, los mejoraron y, de esta forma, lograron cubrir ciertos espacios del mercado, crear puestos de trabajo y de algún modo contribuir a generar riqueza para el país.

De más está decir que no todo fue ni es fácil para estos emprendedores: transformar su fantasía en proyecto y su proyecto en hechos fue (y es) un proceso marcado por muchas incertidumbres y pocas certezas, con muchas preguntas y pocas respuestas en lo inmediato. Ya se trate de un/una soltero/a o alguien que ya haya formado su propia familia, el proyecto de desarrollar una empresa pasa a ser parte de sus conversaciones cotidianas, sea con su propia familia, su familia de origen o sus amigos.

Generalmente las EF comienzan como un negocio unipersonal donde el dueño es un multifunción. Es una etapa que requiere mucho esfuerzo y dedicación, como veremos más adelante, cuyo objetivo principal es la subsistencia propia y del negocio.

Etapas en la evolución de la EF

En un sistema social, como en todo organismo vivo, los observadores podemos hacer descripciones de las familias y las EF de ciclos de vida vinculados con la edad de los fundadores (tanto de la familia como de la EF), la edad de los hijos, las motivaciones, la magnitud de la empresa, las necesidades y ciertos sucesos que requieren una cronología, un segundo hijo tiene que nacer después de un primero, los nietos después de los hijos, el crecimiento de la empresa viene después de haberse fundado, etcétera. De este modo, las características, expectativas, necesidades y objetivos cambian según el momento evolutivo de la familia y la EF.

Como toda descripción de un ciclo vital, el momento que se estipula como comienzo es arbitrario, incluso los ciclos de vida de la familia. En el caso de las EF, pasa algo similar. Al preguntar a diferentes fundadores cuándo considera que comenzó su proyecto, tuve diferentes respuestas: "desde siempre, siempre soñé con hacerlo"; "cuando comencé a pensarlo"; "cuando invertí los primeros pesos"; "cuando vendí la primera vez"; "cuando empecé a ganar plata", etcétera. En esta oportunidad, vamos a considerar el punto inicial al momento en que el emprendedor comienza con sus primeras actividades comerciales (invierte, produce, vende).

La evolución de las EF transcurre en paralelo con la evolución de la familia. Como mencioné más arriba, las motivaciones, las expectativas, objetivos personales y profesionales varían según las edades de los familiares y el ciclo de vida en el que se encuentra la empresa. (Ver cuadro 1.)

Es importante armonizar las distintas necesidades desde el comienzo, ya que de no ser así, es muy probable que cuando se llegue al escenario de la etapa III se manifiesten múltiples conflictos difíciles de manejar (vale la pena recordar que los grandes problemas comienzan cuando son pequeñas dificultades).

	Etapa 1	Etapa 2	Etapa 3	Etapa 4
Edad de la EF	0 – 10	10 – 20	20 – 30	+ de 30
Edad padres	25 – 35	40 – 50	55 – 65	65 – 80[2]
Edad hijos	0 –10	15 – 25	+/– 40	+/– 50
Características	Empresa chica. Dueño centro de todo.	Creció. Dueño no puede estar en todo.	Madura. Lugar de privilegio en el mercado. Nuevos negocios.	Empresa consolidada. Expandida en otras unidades de negocio.
Situaciones	Años muy duros.Muchas horas.	Se hizo más compleja.	Incorporación de no familiares en puestos importantes.	Diversidad de intereses. Son necesarias varias cabezas.
Sensaciones	Placer por el éxito. Temor al fracaso.	Siente que tiene que decidir en soledad. Duda si pedir ayuda.	Ambivalencias frente al retiro del fundador y a la mayor demanda de espacio por los hijos.	Nuevas ambivalencias frente a la incorporación de la tercera generación. Temor frente a la convivencia.
Expectativas económicas	Necesidades básicas.	Mayor confort y educación de calidad.	Grandes necesidades. Mayor confort.	Consolidación del capital familiar. Temor al descuido de "los nuevos".
Objetivos	Sobrevivir. "Hacer caja". Crecer.	Mantener estabilidad y continuidad.	Transición ordenada de la dirección. Expandirse.	Expandirse y, otra vez, sobrevivir.
Expectativa de la familia	Tener éxito en el negocio.	Desarrollo personal y crianza de los hijos.	Integridad y unión de la familia.	Integración, crecimiento y armonía. La familia grande y unida.

Cuadro 1

La primera etapa se caracteriza por la enorme dedicación al trabajo por parte del fundador; son muchas horas

2. Puede superponerse con la etapa anterior debido a que son márgenes variables. En diferentes EF, hay un rango amplio de variaciones.

consagradas al trabajo, la mayoría de las veces sin descanso, que suelen generar separación familiar, en el sentido de que se ven poco. Es importante, en esta etapa y a comienzos de la siguiente, cuando los hijos del fundador todavía son pequeños, que estos no vean a la empresa como "algo" que le roba a su padre o sus padres (volveremos sobre esto más adelante). En este sentido, es recomendable que periódicamente los hijos visiten la empresa, que puedan estar un rato dando vueltas y hasta jugar allí para que, a medida que crezcan, estén familiarizados con ella y su incorporación sea parte de la evolución natural de la familia.

Las distintas necesidades de la familia y la empresa se perciben con más nitidez a partir de la Etapa 2. Este es un momento importante para la salud de la familia y de la empresa, y el objetivo es lograr la armonía de sus necesidades.

Ciclo de vida de la EF

El ciclo de vida de las EF está sujeto a una serie de decisiones que incluyen aspectos familiares y propios de la organización. La experiencia nos muestra que, así como nacen muchas EF, también desaparecen otras tantas a mediano plazo. Esto quiere decir que pocas sobreviven a las situaciones que se les presentan, y son menos aún las que logran convertirse en una gran empresa y ser de las más importantes en su rubro.

1) Etapa 1

Por lo general, los negocios de familia surgen a través de un proceso que, muchas veces, pasa solo por la cabeza de su fundador y/o de conversaciones con los más cercanos; algunos lo alientan, otros lo frenan, pero el protagonista sigue adelante. El fundador es un emprendedor con el deseo de ser independiente en lo económico y en la toma de decisiones, no quiere vivir de un sueldo y quiere ser quien decide en su trabajo. Va detrás de un deseo y de un proyecto que, a través de la puesta en práctica, deje de ser una mera ilusión o una fantasía.

Los primeros años del negocio, cualquiera que este sea, suelen ser muy duros: el dueño es el centro de todo y le dedica interminables horas de trabajo. Generalmente es una persona de entre 25 y 30 años, sin hijos o con hijos muy pequeños.

¿Cuánto dura esta etapa? Es difícil hacer una definición universal porque depende de muchas variables propias y ajenas. Por lo general, se estima en un período que va entre los primeros cinco y diez años.

El objetivo está puesto en sobrevivir y hacer diferencias en la caja de las que depende la seguridad económica de la familia, por lo que el fundador siente el placer del éxito, pero también el temor al fracaso. La otra meta es crecer y, para lograrlo, el emprendedor debe contar con suficiente visión y formación.

2) Etapa 2

En este momento el fundador ya se convenció de que su proyecto es viable, que puede tener éxito: el negocio lleva funcionando más de 10 años pero aún no ha cumplido los primeros 20.

En ciertos casos, algún hijo ya comenzó a trabajar en la empresa, lo que le inyecta optimismo y energía. El fundador empieza a sentirse solo en la cabeza, ser el único que toma las decisiones ya no resulta tan grato. La empresa crece, las actividades se hacen más complejas, todavía no está seguro de si le conviene "abrir el juego" y buscar ayuda. Si bien conserva algo de desconfianza, también se siente más sabio y experimentado que hace unos años atrás, y por eso más seguro, más firme.

La estructura de la empresa comienza a cambiar a medida que esta va creciendo, se vuelve más amplia y más compleja.

En este momento, el fundador tiene entre 40 y 50 años y sus hijos ya pasaron los 15, por lo que alguno ya pudo haber comenzado a trabajar en la empresa. Por supuesto, aparecen los primeros cuestionamientos de la generación joven, esperables, necesarios y, muchas veces, molestos. Surgen cargos que pueden ser cubiertos por familiares, hermanos, cuñados, primos y demás.

Es tiempo de pensar en planes estratégicos y en políticas nuevas para áreas como recursos humanos, administración y algún área operativa. El dueño ya no puede estar en todo. Comienza a escuchar una palabra a la cual se irá acostumbrando: "profesionalización". La otra palabra que comenzará a escuchar, primero como un leve zumbido que aumenta de volumen sin prisa y sin pausa, y que, en general, le provoca temor y parálisis es "sucesión".[3]

Los objetivos de esta etapa son mantener la estabilidad y la continuidad al mismo tiempo que tanto la familia como la empresa se desarrollan y crecen.

3) Etapa 3

La empresa es madura y puede incluso haber alcanzado una posición privilegiada en el mercado. En muchos casos, las ganancias se han utilizado para crear otros negocios, con lo cual el dueño puede disponer de una fortuna variable pero siempre interesante.

El fundador está pasando los 55 años, sus hijos están alrededor de los 30, y en la mayoría de los casos trabajan desde

---

3. "Sucesión" es un concepto instalado en la jerga de las EF. Pero por varios motivos que explico con amplitud más adelante prefiero hablar de "transición de la dirección".

hace años en la EF donde han asumido más responsabilidades. Es un período de muchas ambivalencias. De los padres, referidas al cansancio y los deseos de retirarse, acompañados del sentimiento de "de aquí no me voy". La necesidad de delegar tareas y responsabilidades en los hijos, y la tendencia a controlar (quizás en exceso) "porque ellos saben, pero son jóvenes y no tienen la experiencia que tengo yo".

De parte de los hijos, las ambivalencias son el desafío de probar que lo nuevo puede funcionar, junto con el sentimiento de seguridad que ofrece lo que el padre dice aunque lo cuestionen. Los deseos y los miedos de cambiar las cosas, crecer, vender o cerrar.

Surge así un tema que puede ser o no conflictivo (no es obligatorio que lo sea): la transición de la dirección que debió iniciarse en la etapa anterior, al menos haberse comenzado a conversar.

Se asoma en el horizonte una tercera generación, los nietos, a quienes es importante ir haciendo conocer la historia e inculcar la cultura de la empresa. Este es el momento en que se pueden asumir varios negocios diferentes al que originalmente le dio vida, aprovechando la experiencia y el conocimiento ganado durante las etapas anteriores.

Surgen nuevas preguntas que requieren nuevas respuestas:

- ¿Hay un plan para la transición de la dirección?
- ¿Quiere algún hijo hacerse cargo de la dirección?
- ¿Están los hijos capacitados?
- ¿Hay una instancia directiva que acompañe el día a día?
- ¿Hay un plan de retiro?
- La familia y los otros accionistas, ¿quieren que el negocio continúe?
- ¿Quién ocupará el cargo más alto? ¿Cómo se va a elegir?

Los objetivos de esta etapa son: la transición ordenada de la dirección, mantener la integración de la familia, crecer y expandirse.

4. Etapa 4

Si todo lo que vimos hasta ahora se desarrolla sin inconvenientes podemos describir una cuarta etapa.

En la mayoría de los casos, las ganancias se han utilizado para crear otros negocios, por lo que el dueño generalmente posee un capital importante, y la empresa está consolidada y expandida en nuevas unidades de negocio.

El fundador ya tiene entre 60 y 80 años, y los hijos más de 40. Estos, a su vez, con sus propios hijos que orillan la adolescencia y preguntan: "¿Cómo es ese asunto de la empresa?". Es posible, además, que se haya incorporado algún o algunos no familiares en puestos importantes.

Las preguntas de la etapa anterior empiezan a exigir respuestas por parte de la familia empresaria. ¿Hay un plan para la transición? ¿Está decidido cómo, quién, cuándo? ¿Está alguno de los hijos preparado para asumir la dirección y quiere hacerlo? ¿Hay un plan de retiro? ¿Está asegurada la autonomía económica del fundador y su cónyuge? La familia y los otros accionistas, ¿quieren que el negocio continúe?

Los objetivos de esta etapa son expandirse y, otra vez, sobrevivir.

Desventajas y ventajas de la EF

El listado de los siguientes puntos no representa un orden jerárquico o una escala de valores. Tampoco quiere decir que las desventajas ni las ventajas citadas se den al mismo tiempo pero, seguramente, aquellos lectores que tengan una EF se sentirán identificados con más de uno de estos puntos.

Desventajas

↪ La elección de los puestos directivos se hace sin tener en cuenta los intereses del negocio sino que se escogen para que sean ocupados por miembros de la familia, independientemente de las necesidades de la empresa.

↪ Confusión familia/empresa tanto respecto de los problemas como de las satisfacciones. Se festeja y se discute cualquier tema en cualquier lugar, da lo mismo que sea en la casa, en la empresa o en la comida familiar del fin de semana. Los problemas de comunicación, los conflictos emocionales, los rencores y los sentimientos del pasado entre los integrantes de la familia se proyectan en el aquí y ahora del funcionamiento del negocio. Es común escuchar comentarios de uno de los hermanos referido a otro como "siempre fue el protegido de papá o mamá" o "jamás voy a aceptar instrucciones de mi hermano", "mi papá nunca se interesó por nosotros". Son viejas historias que se actualizan en el día a día.

↪ Sistema de remuneraciones relativamente fuera del mercado. En general, las remuneraciones se establecen en base a las necesidades individuales de los miembros de la familia o la decisión unilateral del fundador. Por ejemplo, cuando un miembro tiene un hijo o se casa, se le aumenta el sueldo. Otra situación muy común se da cuando hay una segunda generación de, por lo menos, dos personas y el fundador establece que todos van a ganar lo mismo. Esto es fuente de conflictos porque comienza a compararse las horas trabajadas, las responsabilidades, la formación, los días de vacaciones, etcétera. Entonces aparecen los reclamos y se enturbia el clima laboral y familiar.

↪ Ingreso por la puerta grande de las generaciones que siguen a la primera "sin pelearla" ni progresar o armarse "desde abajo". La mayoría de los miembros de la familia que se incorporan después del fundador lo hacen como su primer trabajo sin haber pasado por las presiones y la incertidumbre de la competencia.

❧ Esto incide posteriormente en una falta de conocimiento de lo que sucede en otras empresas, lo que representa carecer de información muy útil para manejarse en "el mundo de los negocios".

❧ Síndrome del hijo del patrón (o hermano, o sobrino, o cuñado, etcétera). Para bien o para mal, se le presta más o menos atención de la que corresponde por el solo hecho de ser pariente. No tiene nada que ver con las cualidades de la persona ni las necesidades de la empresa.

❧ Peso de la antorcha. Se realizan pocos cuestionamientos. Se tiende a aceptar todo lo que diga el fundador más por tradición o temor a lastimarlo que por un análisis de la situación. La gente joven siente que tiene que probar su valor y, por lo general, los hombres lo quieren demostrar en los negocios. Con frecuencia, se ven hombres y mujeres de 40 y 50 años dubitativos al momento de tomar una decisión sin la aprobación de su padre. Esto, por supuesto, limita su potencial de convertirse en el/la líder que tanto ellos como su padre desean.

❧ Demora en decidir la transición del mando de la empresa. Suele ser uno de los temas tabú. Existen varias razones para esto, veamos las tres más importantes. En primer lugar, es un tema que (erróneamente) está asociado a la muerte (es la razón por la que no utilizo el término sucesión); en segundo lugar, la mayoría de las personas solemos creer que "la cuerda nos va a dar para siempre", que nada podrá suceder que nos dificulte seguir. Además de la muerte, existen infinidad de situaciones por las cuales una persona puede verse obligada a restringir sus actividades parcial o totalmente, sea de forma transitoria o definitiva. Finalmente, la tercera razón es la dificultad en delegar funciones y responsabilidades, así como manejar las emociones que el tema connota, competencia, rivalidad, etcétera.

☞ Liderazgo unipersonal demasiado largo. Esto implica, y en cierto modo explica, el espíritu conservador en la toma de decisiones. En muchas EF, la estructura organizativa no ha evolucionado, y se ha mantenido igual o con muy pocas modificaciones a la que tenía en sus inicios a pesar de las dificultades generadas por el crecimiento del tamaño de la empresa y porque la estructura no se amolda a la nueva situación.

☞ Las familias de EF están expuestas a los mismos problemas que cualquier otra familia. Muchas veces, a los padres les resulta muy difícil, a pesar de sus esfuerzos, manejar adecuadamente los problemas que sus hijos puedan tener. Los hijos, a su vez, abusan de su posición (ser hijos queridos) para mantenerse en el puesto, aunque su trabajo sea insatisfactorio o no muestren ser competentes. La observación de estas situaciones por parte de los empleados no familiares (testigos privilegiados), hace que disminuya su autoestima, los desmoraliza y es un importante factor de desmotivación.

☞ Al estar la familia a cargo de la gestión y ocupar los puestos directivos se hace difícil atraer a gente talentosa por la menor posibilidad de hacer carrera en la empresa.

☞ Grandes dificultades y resistencias para la incorporación de socios externos.

☞ Restricciones que dificultan la venta de las acciones

Ventajas

☞ Unión de los socios. En general, existe una férrea unidad entre los miembros de la familia empresaria, más allá de algunas diferencias que pueda haber, lo que permite afrontar los factores externos con solidez.

☞ Prestigio y confianza en las relaciones. Los clientes y proveedores confían al ser atendidos por el dueño o, al menos, de saber que está ahí todos los días ya que conocen su trayectoria y saben que pueden acordar fácilmente en las diferencias. Es muy importante portar el apellido de la familia fundadora

ᴄ⊚ Adhesión y lealtad de los empleados. Una ᴇꜰ genera, en las personas que trabajan en ella, un sentimiento de pertenencia muy fuerte que se traduce en fidelidad.

ᴄ⊚ Continuidad en la transición que facilita la permanencia de un proyecto y la inversión del capital.

ᴄ⊚ La ᴇꜰ puede utilizar el capital de la familia en caso de necesidad, lo que representa una ventaja comparativa con respecto a otro tipo de empresas. También sucede a la inversa frente a necesidades de la familia.

ᴄ⊚ Se puede desarrollar una visión a largo plazo de los negocios.

ᴄ⊚ Dado que la burocracia es menor, puede haber más agilidad en el proceso de toma de decisiones.

ᴄ⊚ Mayor dedicación a la empresa, voluntad de sacrificio personal y menor rotación de sus principales ejecutivos.

ᴄ⊚ Más preocupación por la calidad y la imagen ante los consumidores. Mayor responsabilidad social

De las emociones

La intensidad de las emociones, como dije en páginas anteriores, quizás sea la característica más notable de las ᴇꜰ, lo que las distingue de otras. La pasión que solo existe en los vínculos familiares se despliega en todo su esplendor en el tratamiento de los asuntos de la empresa. Estas emociones se dejan ver a la hora de la toma de decisiones. Los temas afectivos obnubilan la mente y limitan el campo de la percepción, más todavía cuando el mismo corazón está simultáneamente en varios mundos: la familia de origen, la empresa, la propia familia y la familia política.

Envidias, celos, rivalidades y competencias entre hermanos y/o nietos que hacen poco y reclaman, dinero que no se reinvierte en el circuito productivo sino que se utiliza para saldar viejas frustraciones personales, cuñados, yernos o nueras que también compiten, son sentimientos y situaciones que inciden negativamente en el funcionamiento adecuado de la EF, quitan fuerzas y desmoralizan a los que la llevan adelante y desmotivan al resto del personal cuando son testigos de este tipo de situaciones.

Por otro lado, en forma contraria, el amor es un combustible que permite seguir adelante bajo cualquier circunstancia, "contra viento y marea". Es la emoción de la cual salen las fuerzas para continuar.

Es por estas emociones, de las "buenas" y de las "malas", por las cuales tantas veces aparecen mezclados los asuntos de empresa y los asuntos de familia. Pretender que esto no suceda, como lo recomiendan todos los manuales sobre EF (incluso yo mismo lo señalo como una virtud en este libro), es más una ilusión y un deseo que algo posible. Es como pretender alterar que el día siga a la noche o la noche al día.

¿Entonces?

Ante la imposibilidad de evitar las pasiones, lo que podemos hacer es aprender a convivir con ellas, buscar la manera de canalizarlas hacia el bien común de modo tal que contribuya a la convivencia tanto en el afecto como en la toma de decisiones.

Sin embargo, no siempre se puede.

¿Entonces?

No hay que asustarse. No hay que tenerle miedo al surgimiento de las pasiones siempre y cuando no se salte el cerco del respeto al otro en lo emocional, en lo psicológico y en lo físico. Los maltratos y los abusos no son aceptables bajo ninguna circunstancia. El otro límite es la lealtad, aunque sobre este concepto caben diferentes interpretaciones. Durante una de mis consultas, fui testigo de cómo uno de los hijos, cuando manifestó sus deseos de desvincularse del negocio familiar, fue acusado (injustamente) de traición.

En definitiva, no debemos asustarnos de las discusiones, ni siquiera de las discusiones subidas de tono (con los límites anteriores) mientras exista la instancia del retorno de esa situación, que haya una continuidad en el después y no se guarde nada debajo de la alfombra, eso se hace sin revanchas (como decía Gandhi, "ojo por ojo terminamos todos ciegos"), con el reconocimiento, el arrepentimiento y el pedido de disculpas si cabe y la posibilidad de reparación. Todos podemos equivocarnos y tener errores.

Siempre recomiendo en medio, o después, de una discusión fuerte o acalorada darse un espacio, tomar aire, "dejar enfriar los motores" y recién después volver. La conversación en frío, después de un momento caliente, da muy buenos resultados. También los da buscar un lugar y un tiempo adecuados; no son aconsejables las conversaciones en los pasillos, los baños, en el auto durante el traslado de un lugar a otro ni dejarlo librado a la espontaneidad. Una conversación programada permite prepararse y contar con lo mejor de cada uno, y sobre todo, que se escuchen de forma genuina unos y otros.

Las familias suelen ser incondicionales en su afecto, independientemente de los resultados en los negocios. Lo que se ve a menudo en las EF dirigidas por unos pocos familiares es que "lo primero es la familia". En cambio, en las empresas que abarcan tres o cuatro generaciones, integradas por varios primos y directores extrafamiliares, "la empresa está en primer lugar", la expectativa está puesta en los logros, el desempeño y la rentabilidad.

Suele haber diferencias en este punto si las EF pertenecen a países sajones, latinos u orientales. En los países sajones, se prioriza la empresa, se toman menos en cuenta los lazos afectivos. En los países latinos, lo primero es la familia, "antes de que se rompa la familia, cierro". En los países orientales, existen algunas variaciones: por un lado, tienen un respeto ancestral por la familia y la jerarquía dentro de la familia, pero al mismo tiempo una gran rigurosidad en la defensa de los asuntos de la empresa. No creo que sea casual que las dos EF con alrededor de 1.400 años de antigüedad sean de origen japonés. Aunque la primera de ellas, como verán en el final del capítulo, sucumbió a la reciente crisis mundial y fue vendida a un consorcio privado después de 45 generaciones de haber sido propiedad de la misma familia.

Creo que, en el seno de una familia, todos se conocen lo suficientemente bien como para saber de qué forma se puede generar en el otro una reacción de cariño o de hostilidad. Por eso, en el campo de las emociones, quizás lo más importante sea cuidar la propia reacción. William Ury aconsejaba que si uno se enojaba en el curso de una conversación con una persona emotivamente importante contara hasta 10, y si estaba muy enojado… contara hasta 1.000.

Factores que afectan las relaciones entre los miembros de la familia

Muchas EF nacieron por instancia e inspiración de un tótem (en la Argentina es común que haya venido de otro país) que sentó las bases del futuro económico familiar. "Pero no todos los miembros de la prole tienen las mismas necesidades (o realidades), como así tampoco idénticos valores, y a veces el nene se junta con una especie de Yoko Ono que abre grietas en la novela que armaron entre todos, o la nena se casa simplemente con un 'salame' que no 'le cae bien' al capo creador de la gallina de los huevos de oro."[4]

Muchas veces sucede que los padres y los hijos, e incluso los hermanos, no compartan los valores y visiones del negocio, y a veces ni de la familia.[5] Cada uno tiene su personalidad, sus expectativas, sus necesidades. Es casi natural que la nueva generación tienda hacia el cambio y las generaciones anteriores tiendan a ser más conservadoras.

Aproximadamente, la diferencia en años entre padres e hijos está alrededor de los 25 años. Como se dice, literalmente "una generación", y el mundo y la sociedad suelen cambiar y mucho entre generaciones. La EF tiene enormes fortalezas competitivas derivadas de la unidad entre sus miembros y su grado de compromiso con el proyecto empresarial que lideran. Todo aquello que pueda hacerse para reforzar la unidad y aumentar el grado de compromiso de cada uno de los miembros de la familia servirá para mejorar la ventaja competitiva de la empresa y ayudará a pasar el legado a la siguiente generación, manteniendo el espíritu de familia empresaria.

---

4. Buero, L.: *Empresas familiares: ¿peligro supremo?* En *http://www.cronicayanalisis.com.ar/055.asp*
5. En mi experiencia, encontré que, en la mayoría de las EF, nunca se debatieron temas tales como los objetivos, cuál es la visión del futuro o qué tipo de empresa quieren ser. Muchas veces no comparten los objetivos porque estos ni siquiera fueron alguna vez identificados.

Cuando el fundador envejece y sus herederos toman las riendas, la empresa puede venirse abajo rápidamente si quienes deben obedecer no aceptan la autoridad de la nueva cabeza. El proceso de transición se convierte fácilmente en un caos, y una empresa construida durante varias décadas puede desaparecer en pocos años porque el conflicto interno ha neutralizado su capacidad para tomar las decisiones correctas.

Otras veces, el negocio se acaba porque los herederos no poseen el talento y la visión del fundador, y se dedican a derrochar la fortuna (volveré sobre esto en los próximos capítulos), o simplemente porque no hay voluntad de seguir.

¿Cómo funcionan las EF que funcionan?

Antes permítanme repasar un poco las características de una familia que funciona ya que una EF que funciona necesita una familia que funcione.

La familia funcional[6]

Ya hemos visto lo difícil que es distinguir una familia funcional de una que no lo es, y pudimos apreciar que no es la ausencia de problemas lo que caracteriza a una familia funcional. Además, llegamos a la conclusión de que una familia funcional no es una familia ideal, y que hay que mantener esto en mente al trabajar con familias empresarias, debido al riesgo que conlleva comparar la familia con la que trabajamos con el estándar de la familia ideal.

Aún así existen, al menos en mi experiencia, familias más problemáticas que otras. A las menos problemáticas las llamo familias funcionales. ¿Cómo son?

---

6. Muchos de estos conceptos fueron tomados de la obra de Satir, V.: *op. cit.*

Son familias en las cuales se puede percibir la vitalidad, la sinceridad, la honestidad y el amor. Se puede llegar a sentir (aquellos que prestan atención a estas cosas) la presencia de corazón y sentido común.

¿Cómo se da cuenta uno de que está frente a una familia funcional?

En una familia funcional se escucha y se es escuchado, hay una suerte de atención recíproca, sus miembros son considerados consigo mismos y con los demás. Tienen gusto por estar juntos y puede verse cuando se demuestran afecto y cuando se sienten dolidos por algo. Pueden expresarse los desacuerdos sin miedo y admiten la posibilidad del error. Las personas son valoradas y queridas, tienen expresiones tranquilas, se miran a la cara, no con miradas esquivas ni bajando la vista, hablan con voz clara y sonora. La calma es pacífica, no presagia ninguna tormenta.

Las personas ven como normal el contacto físico y demuestran su afecto, cualquiera que sea su edad. Cada uno puede preocuparse por los demás más allá de hacer un mandado, cocinar, traer dinero a la casa o no hacer ruido cuando otro duerme la siesta.

Pueden hablar de todo, desengaños, temores, penas, críticas, como de las alegrías y éxitos porque hay armonía y fluidez en sus relaciones. A los niños, aun siendo pequeños, el resto de la familia los toma en cuenta como personas.

Las familias funcionales demuestran claramente que planean las cosas, pero si sucede algo imprevisto, fácilmente se acomodan al cambio. Así sortean sin dificultad ni confusión muchos problemas de la vida. Parten de la buena fe, no ven en los otros mala intención: si alguno se comporta o conduce inconvenientemente, ven o comprenden que puede deberse a algún mal entendido.

Alguno se preguntará si esta descripción no es muy exigente para definir una familia funcional, que estas condiciones son inaccesibles para la mayoría de las familias, agobiadas en estos tiempos por los problemas cotidianos de este mundo siempre cambiante, tenso y peligroso.

Puede ser una definición muy exigente pero no es inaccesible, parece pero no es tan complicado; es cierto que no alcanza con proponérselo porque entran en juego los recursos emocionales que uno tiene, la historia de cada una de las familias de las cuales vienen los padres, la situación económica y laboral de los adultos. Pero también es cierto que si uno no se lo propone es más difícil.

Quizás lo más importante sea el respeto, tener en cuenta a los otros, no abusar de la confianza por ser familia. Esto por sí solo no garantiza la alegría por estar juntos, lo que sí sé es que sin ellos la alegría y el bienestar no serán posibles.

La EF funcional

Como vimos anteriormente, si tenemos una familia con las características descritas es muy fácil tener una EF funcional. Aún así, es necesario tener en cuenta algunas cuestiones propias del negocio.

¿Qué características tienen las EF que funcionan adecuadamente?

Vale la pena aclarar que no existen fórmulas universales del éxito, y que cada familia y cada EF es en sí misma un sistema singular y único. Tampoco quisiera que se interprete lo que sigue como recetas mágicas: son mis conclusiones de acuerdo con mi experiencia y conocimiento de las EF. Insisto: lo que en una empresa funciona, en otra puede no funcionar y viceversa.

– La gestión está en manos de la familia directamente, los miembros de la familia se ocupan del día a día. Según el tamaño de la empresa pueden contar con un colaborador no familiar jerarquizado que cumpla las funciones de un gerente general.

– Existe un liderazgo fuerte e indudable a lo largo de las generaciones, desde el fundador hasta su descendencia.

– Se tratan y discuten temas de gobierno (estrategias y políticas del negocio), y quedan establecidos con mucha claridad, aunque no en todos los casos se hayan formado órganos de gobierno (Consejo de Familia, por ejemplo) como veremos más adelante.

– Existe y se percibe, "se siente", el compromiso a largo plazo a la vez que el propósito de continuidad es manifiesto y expreso.

– Los valores son intensos, cuidados, la familia fue criada con esos valores y son transmitidos con claridad al conjunto de la empresa.

– Los sueños y la visión son compartidos, y las transformaciones que van teniendo también lo son.

– Se cuida la privacidad de la familia ante terceros dentro y fuera de la EF.

Cuando los socios son esposos entre sí

La experiencia con cónyuges como socios no tiene términos medios: o funciona muy bien o funciona muy mal. Tampoco lo que sucede en una relación sucede directamente en la otra. Conozco varios casos de matrimonios divorciados cuyos integrantes siguen siendo socios, y conozco matrimonios muy armónicos pero incapaces de manejar un negocio en forma conjunta.

Para que dos cabezas estén al frente de una organización se necesita un funcionamiento muy aceitado de la pareja. En nuestra cultura, sigue habiendo todavía ciertas diferencias de género y es más común que el varón aparezca como una cabeza un poquito más alta que la de la mujer. Esto cambia si las funciones están claramente definidas. Es muy común observar al varón especializado en la parte operativa y comercial (más de puertas afuera), y a la mujer especializada en la administración y las personas que trabajan en la empresa (más de puertas adentro).

La alternancia de situaciones simétricas y situaciones complementarias no es fácil de conseguir en un matrimonio: con el amor no alcanza.

De las personas consultadas y de mi experiencia concluimos que las EF donde los esposos son socios funcionan bien si se tienen en cuenta todas o varias de las siguientes situaciones:

- Definen claramente que el matrimonio y los hijos están primero.
- Los socios se tienen gran respeto mutuo.
- Existe una comunicación clara y fluida, las cosas se hablan, se generan espacios de conversación adecuados. Evitan que esos espacios sean los pasillos, el auto, la casa por la noche, la cama, las comidas familiares y los asados o ravioladas de los domingos. Se buscan espacios y tiempos especialmente destinados a esa conversación.
- Los talentos y las aptitudes son complementarias.
- Definen cuidadosamente sus responsabilidades individuales.
- Compiten con el mundo exterior, no entre ellos.
- Cuidan sus reacciones ya que, en una pareja, cada uno sabe cómo complacer y cómo irritar al otro (como en la mayoría de las relaciones), de ahí la necesidad de una alta cuota de responsabilidad en el cuidado de las propias reacciones.

Cuando los socios son dos familias distintas

Pueden ser hermanas/os con sus respectivos hijos, cuñados y sobrinos, o simplemente dos familias sin parentesco entre sí (situación que se presenta rara vez). Muchas de las experiencias que conozco de este tipo terminan por separar unidades de negocio y cada familia queda a cargo de una de ellas.

Los problemas y las recomendaciones son muy similares a los presentados para socios que son matrimonio.

– Definir claramente las tareas y responsabilidades de cada uno.
– Tener objetivos y metas claras.
– Establecer normas y pautas claras para el ejercicio de la dirección (poder).
– Disponer de una metodología para el manejo de situaciones conflictivas.
– Separar las familias y la empresa (dentro de lo posible).
– Jerarquizar el respeto entre todos. Nadie tiene la obligación de "amar, querer, sentir afecto" por los otros pero sí de respetarlos.

Algunas cuestiones específicas

a. Establecer, con mucho cuidado, las pautas de relación con los esposos (sean socios de la empresa o no). Lo recomendable es establecer claramente quién es o va a ser el interlocutor válido de cada familia ya que a él deberá acudirse en caso de problemas. Es muy importante controlar el desorden en la circulación de la información, sobre todo si esa información lleva una carga negativa, para que no se convierta en información tóxica (hablar a otro de alguien que está ausente, la circulación de chismes y rumores sin sustento alimentan las intrigas y corroe el funcionamiento de la empresa).

b. Si esto se cumple se evitan las alianzas y las coaliciones. Estar muy atentos a los sentimientos de exclusión propios y de los demás porque suelen perturbar la percepción y limitar las posibilidades de tomar las decisiones más adecuadas.

c. Establecer claramente quién les habla a los hijos propios y de los otros, y cómo se les habla, de igual manera que en el punto a.

Lo recomendable es que los asuntos se arreglen en el seno de la propia familia, que haya un representante de cada una que funcione como interlocutor/mediador cuando existan problemas en las relaciones. Los miembros de una de las familias deben dirigirse al interlocutor de su propia familia quien, a su vez, se comunicará con su colega de la otra. Pasar por alto los signos de situaciones negativas y mantener el silencio son los ingredientes necesarios para evitar que una dificultad se transforme en un problema serio y más difícil de resolver.

Muchos dirán que la gestión diaria y las cuestiones operativas dificultan este tipo de prolijidad, lo que es cierto pero, fundamentalmente, si funcionar de esta manera es complicado, no hacerlo y dejar que los problemas crezcan lo hace muchísimo más complicado y más difícil de resolver.

Cuando los socios son hermanos

El cariño, la lealtad, la rivalidad y la competencia entre hermanos es parte de la esencia de los vínculos fraternos. Si estos sentimientos no son manejados adecuadamente pueden interferir con la gestión.

Las tres situaciones por las cuales dos hermanos pueden ser socios son: haber creado juntos la empresa, haberla heredado de sus padres o uno de los hermanos la inició y el otro/otros se incorporó luego.

En el primer caso, las dificultades son menores porque los hermanos vivieron el sueño desde el comienzo, conocen los detalles de lo que costó armar la empresa y compartieron las horas difíciles de los primeros tiempos.

Tiene el valor agregado de que si surgió el proyecto de armar una empresa juntos, se supone que no vienen de una historia de llevarse mal o de tener conflictos muy serios entre ellos. De todos modos, estas condiciones no son garantía de que no vayan a existir problemas.

En el segundo caso, los hermanos heredaron la empresa, habrán tenido que vivir el proceso de su propia inserción en ella (en general, uno comienza primero y el otro o los otros le siguen un tiempo después) y tendrán que vivir el proceso de transición de la dirección. La mayoría de las veces, ninguno de estos procesos se hace con claridad, ni la inserción ni la transición.

Cuando dos hermanos quedan asociados al frente de la gestión de una EF heredada afloran situaciones que se arrastran de períodos previos, tanto en la empresa como en la familia.

En el tercer caso, se repite un poco la situación del primero, de la creación en conjunto. Los temas más importantes a tener en cuenta son: manejar la situación "yo la empecé/vos viniste después" en cuanto a derechos y obligaciones; las condiciones en las que se produce la incorporación del hermano, si es por sus méritos y por el valor que agrega o si es para hacerle un favor porque no está en nada o por responder a un pedido de los padres "para ver si se endereza de una vez". Estas situaciones son muy difíciles de manejar y la mejor solución es que, en esas condiciones, no se incorpore a la empresa y buscar la ayuda por otro lado.

Padre - hijo/padre - hija sola/hija con hijos

Las relaciones de los padres con los hijos suelen ser ambiguas: el amor y el deseo de protección conviven con la necesidad de intimidad de la pareja y el deseo de lanzar a los hijos al mundo y a la competencia. En el caso del padre con los hijos varones es fácil encontrar cuestiones de orden competitivo: "Que se haga solo como me hice yo"; "que se golpee, así va a crecer". Cada cual cree que piensa y hace las cosas mejor que el otro. A veces, la esposa/madre participa de estas situaciones tomando partido por uno u otro, según las circunstancias, en lugar de mantener la alianza con su marido y respetar el lugar de su hijo como hijo. Debemos tener presente, más en estos tiempos en que se ha prolongado la expectativa de vida, que también existen abuelos/as, por lo tanto, estamos contando por lo menos con tres generaciones, lo que hace aún más complejas algunas situaciones.

Cuando se producen alianzas entre miembros de distintas generaciones surge la llamada "transgresión jerárquica", que siempre genera complicaciones. A veces, parecen simpáticas por estar amparadas bajo el paraguas de la protección o el cariño, pero los efectos prácticos suelen ser muy dañinos en el desarrollo de los vínculos familiares por los sentimientos negativos que se despiertan en los que quedan excluidos y esto nunca es bueno.

En el caso del padre con sus hijas es un poco diferente porque predomina el sentimiento de protección: "Que esté protegida frente al otro hombre que se la va a llevar o frente a su hermano varón". A diferencia de lo que le sucede con un hijo varón, es muy frecuente encontrar rasgos de admiración de un padre trabajador hacia su hija profesional y/o emprendedora. La competencia es menor.

No son muchos los ejemplos de mujeres fundadoras de empresas (aunque es una tendencia en crecimiento, sobre todo en el área de empresas de servicios); son más abundantes aquellos en que la mujer hereda una empresa con alguna participación anterior. En estos casos, la mujer propietaria suele comportarse con una apertura mayor que la del "hombre fundador" porque se apoya más en los hijos y acepta más fácilmente la colaboración de profesionales "extraños".

En muchos casos, es una mujer viuda quien, sobreponiéndose al dolor y la tristeza, se convierte en una verdadera empresaria a pesar de no haberse ocupado (la mayoría de las veces) de la gestión en la empresa antes de heredarla. Desarrolla habilidades que desconocía poseer y que seguramente aprendió al estar al lado de su esposo. Otras veces las adquiere después de asumir la dirección de la empresa y "se destapa" como una verdadera empresaria.

En otras ocasiones, la expectativa de la mujer es que los hijos manejen la empresa y le aseguren la protección económica que antes le daba su esposo, de una manera autónoma, para no tener que depender de los hijos ni de nadie y poder administrar su propio dinero sin "dar explicaciones" ni pasar por la "humillante" situación de tener que pedir. Que se tome uno u otro camino depende de las edades de la mujer y de los hijos, y de la etapa cronológica en la que se encuentre la empresa y su ciclo de vida.

El consorcio de primos[7]

Si una empresa dirigida por dos socios o por una familia de matrimonio (padre/madre) e hijos es complicada, muchísimo más compleja es una gestión entre primos. Varios son los factores que influyen para que sea así.

El más importante de todos es el vínculo entre cada una de las familias de origen, la historia de esos vínculos. Son familias en donde la cantidad de vínculos se multiplicó de una manera geométrica, recordemos lo que vimos en páginas anteriores sobre la aparición de triángulos en una familia. Hay padres, hijos, hermanos, cuñados, tíos, sobrinos y primos. Un verdadero embrollo.

Los temas más importantes en la EF son los referidos a la familia porque las cuestiones del negocio y el gerenciamiento pueden aprenderse en libros, escuelas y con el trabajo o puede contratarse personal externo para manejarlos, pero las cuestiones de familia se maman e incorporan desde antes de nacer y no pueden ser llevadas por extraños. La clave del vínculo entre los primos está en cómo se haya hablado de la otra familia en la intimidad de la propia. Los celos y las rivalidades entre hermanos, cuñados, sobrinos y primos se agitan en las reuniones familiares. Si estas cosas suceden sin que exista una EF, imaginémonos si le agregamos el tener que gerenciar un negocio en común. Es tan perjudicial hacer hincapié en las diferencias tomando como base juicios de valor (mejor/peor, antes/después, más/menos) como tomar a los primos como una masa indiferenciada (todos o ninguno). En este sentido, los padres tienen mucha responsabilidad por cómo se expresan sobre su hermano/a-cuñado/a-sobrino/a en la intimidad de su familia. También son peligrosas para la armonía familiar las proyecciones sobre los hijos propios y los sobrinos de las sombras de rivalidades de parejas de hermanos. Las soluciones deben ser exploradas e investigadas en cada caso.

¿Qué hacer con los miembros de la familia que no trabajan en la EF?

En una familia puede suceder que no todos trabajen en la EF. Esto puede dar lugar a que, en algún momento, se presenten situaciones conflictivas que pueden prevenirse. No trabajar en la empresa de la familia, estar afuera, no significa que deban sentirse desligados afectivamente; de hecho, también pueden llegar a "querer" a la EF, todo depende de cómo se haya vivido la empresa en el seno de la familia: si fue una fuente de alegría y satisfacción o una carga pesada origen de problemas y frustraciones.

Recuerdo una conversación con la hija menor de una familia con una EF que no trabajaba en ella. Me decía: "Para mí la empresa está ligada a mi vida, desde siempre, todo el tiempo era la empresa" (vale aclarar que en la EF trabajan ambos padres y dos de los hijos) y agregaba: "La empresa es mi papá". En cambio su hermana mayor, que tampoco trabajaba en la empresa, se sentía más desligada, decía que para ella la empresa era "algo ajeno", solo mostraba preocupación por cómo manejarían sus hermanos la empresa (un patrimonio que también sería suyo) cuando sus padres no estuvieran.

En este capítulo, vimos las etapas del desarrollo de las EF y la importancia de que la empresa no sea vivida por los hijos como una instancia que les roba a sus padres: es importante que las nuevas generaciones crezcan "amigas" de la empresa, vayan a trabajar en ella o no.

La indiferencia de quienes no trabajan en la EF y el no ser tenidos en cuenta por quienes sí trabajan es una fuente muy importante de conflictos cuando se van sucediendo las generaciones en la gestión y cuando deben tomarse decisiones que afectan al patrimonio de la familia y al capital de la empresa. Una comunicación fluida es un requisito indispensable para mantener la armonía entre familiares: si uno de sus miembros trabaja en otra actividad y se encuentra lejos del establecimiento, hay que enviarle información sobre el estado de la empresa con cierta regularidad e invitarlo a participar en algunas actividades y/o en alguno de los órganos de gobierno como veremos más adelante.

De esta manera, la familia trabaja para que los miembros que se desempeñan fuera de la EF quieran tanto a la firma como los que trabajan en ella. Si esto no fuese así, habría un riesgo importante de que el capital necesario para que la EF funcione adecuadamente pueda reducirse o desaparecer en caso de presentarse un problema financiero, porque quienes están fuera de la empresa no se sentirán responsables o solidarios con su futuro. De estas y otras cuestiones es sobre lo que se discute y se buscan acuerdos plasmados en el Protocolo de la EF que veremos más adelante.

CAPÍTULO 4

LA EMPRESA
FAMILIAR EN CONSULTA

Una de las experiencias difíciles por las que solemos pasar todos es sentir que tenemos problemas que no podemos resolver solos y necesitamos pedir ayuda.

En mis largos años de terapeuta y consultor en empresas, me encontré muchas veces con un dejo de minusvalía en la gente por "necesitar" ayuda de alguien de afuera. Esta sensación era mayor en los casos de familias en las cuales se agregaba cierta sensación vergonzante. Eso de tener que contarle a alguien "de afuera" lo que "nos pasa" no es fácil de aceptar. Mostrar la intimidad de los problemas no es una barrera fácil de pasar ni una tarea sencilla. Las frases "siento que fracasamos como padres" o "sé que no hicimos las cosas bien" suelen salir de la boca de muchos de mis interlocutores cuando se encuentran en un ambiente confiable donde se puede conversar.

En muchas familias, algunos motorizan la consulta y otros ofrecen reparos; posiblemente sea ese el primer tema a tratar si la consulta se concreta.

En el caso de las EF, se agrega la incertidumbre sobre dónde está el límite entre los asuntos de la familia y de la empresa, de qué se va a hablar con el consultor. Tampoco es un tema fácil para los consultores definir ese límite. Habitualmente, en el desarrollo de la relación consultor/familia se van consensuando esos límites.[1]

En ocasiones, los consultores nos vemos frente a situaciones sumamente difíciles. Hace unos años, trabajaba con una familia empresaria en la que trabajaban todos: ambos padres y sus cuatro hijos, de los cuales el único varón era el hermano mayor (de 37 años). Entre otras cosas, uno de los temas recurrentes era la relación conflictiva padre/hijo. En una reunión dedicada a revisar los objetivos de la empresa, saltó una diferencia de opiniones entre el padre y el hijo e instantáneamente se alteraron los ánimos de ambos. Más tarde, la madre me dice: "este es uno de los principales problemas que tenemos (asumiendo una posición equidistante entre su esposo y su hijo), desde siempre, nunca lo pudimos arreglar, hicimos muchas consultas, psicólogos, terapia familiar durante mucho tiempo y nada...". Esa no era la razón por la que habían consultado sino por temas de empresa y, por eso, lo decisivo era poder poner un límite entre cuáles eran los asuntos "de toda la vida" de la familia, su incidencia en el funcionamiento de la empresa y cómo podíamos hacer para que la EF continuara funcionando. Fue un arduo trabajo, no podía bajar la guardia, tuve que estar muy atento para poder volver al cauce de los temas de la EF. En este caso en particular me fue muy útil reforzar el vínculo laboral entre los cuatro hermanos por un lado y el de los esposos por otro; por supuesto, era necesario para la empresa, pero también fue funcional para la familia.

---

1. Los consultores especialistas en EF tenemos diferentes formaciones: comercial, administrativa, operativa, humanística. La formación de cada uno le da un sesgo particular a su atención frente a los problemas de las empresas. Es muy importante que los consultores seamos conscientes de esto para conocer nuestros límites y ofrecer el servicio que la EF necesita. Si no estamos en condiciones de ofrecerlo, es mejor dar un paso al costado o recomendar a un colega cuya formación sea más adecuada al problema.

No todos los integrantes de una familia comparten la misma idea o tienen la misma creencia sobre los beneficios de buscar ayuda en alguien de afuera y, aun compartiéndola, no todos tienen las mismas expectativas. Si bien el objetivo es estar mejor, no todos coinciden en qué consiste ese estar mejor. Esto representa un desafío para el consultor.

Algunos consultan porque se dan cuenta de que están mal y tienen idea de por qué puede ser y cómo mejorar pero no saben bien cómo hacerlo. Otros no comprenden qué les está pasando, las cosas no están bien y no saben por qué, se muestran desorientados y buscan ayuda.

En este contexto se realizan las consultas de las EF.

Todas las familias, aun las disfuncionales, tienen sus lados fuertes, sus aspectos saludables, son eficaces para muchas cosas y con frecuencia muestran una sincera y legítima búsqueda de salida a su insatisfacción. Son estos los aspectos en que apoyo mi trabajo y los que constituyen mi apuesta al futuro.

No acostumbro a culpar a la gente, ni a los padres ni a los hijos, parto de la base de que sus comportamientos son una consecuencia natural de lo que han aprendido y necesitan ser comprendidos, tomar conciencia de sí mismos y aprender la forma de ser más plenamente humanos.

Siempre busco los aspectos más saludables de las relaciones familiares y los amplifico: es lo que permitirá que la familia empresaria recupere la esperanza en sus propios recursos. Nadie cambia bajo connotaciones negativas como comenté en capítulos anteriores.

Estoy convencido de que nadie hace las cosas a propósito o porque sean malas personas, sino porque en algún momento extraviaron la brújula y siguen actuando del modo que consideran mejor con los recursos que tienen a mano. Cada uno se comporta de la manera en que aprendió a hacerlo. "Sentí que era lo mejor para mi familia" es otra de las frases que suelo escuchar. Independientemente de la naturaleza de las consultas, las familias suelen estar en crisis al momento de realizar una consulta; en muchas ocasiones, la misma consulta es parte de la crisis.

Como vimos antes, podemos describir ciclos evolutivos tanto en la familia como en la EF. Estos ciclos transcurren entre períodos de crisis y períodos de estabilidad; según las familias, estas etapas pueden ser más o menos prolongadas y ser productivas o paralizantes.

Veamos un poco esto de las crisis en las familias y en las EF.[2]

Las crisis

Crisis imprevisibles

Son el tipo de crisis más simple y que habitualmente muchas familias resuelven por sí mismas, sin necesidad de ayuda profesional.

Existe un problema en la empresa o en la familia, claro, real e identificable fácilmente. Se genera una tensión, que puede responder a situaciones externas o a la propia dinámica familiar, que nadie podría haber previsto: un fallecimiento repentino en la familia, un revés económico, un accidente, cambios en el mercado, decisiones del gobierno, crisis mundiales. Tras un período de asimilación de la tensión generada por la crisis, la tarea a realizar consiste en adaptarse a la situación y volver al funcionamiento normal. En el caso de la empresa, se hace necesario revisar la situación y tomar las decisiones adecuadas.

---

2. Algunas de estas ideas fueron tomadas de Barbado Alonso, J.A.; Aizpiri Díaz, J.J.; Cañones Garzón, P.J.; Fernández Camacho, P.J.; Gonçalves Estella, F.; Rodríguez Sendín, J.J.; De la Serna de Pedro, L. y Solla Camino, J.M.: "Individuo y familia". En *http://www.medicinageneral.org/revista_62/pdf/habilidades.pdf*

El riesgo consiste en iniciar la búsqueda de culpables: en el intento de encontrar explicaciones a lo ocurrido, la gente empieza a pensar en qué podría haber hecho, en qué hizo pero no debería haber hecho, o trata de idear formas de prevenir en el futuro lo que por definición es imprevisible. Pero a la larga, el costo de discutir cuestiones como "¿Quién lo hizo? ¿Quién empezó? ¿Quién tiene la culpa?", es muy alto.

Crisis de desarrollo

A diferencia de las anteriores, estas son previsibles. Son las que ocurren en etapas normales del desarrollo vital y experiencial de toda familia y EF.

Son universales y responden a una secuencia ineludible: fundar la empresa y casarse, o casarse y fundar la empresa, nacimiento de un hijo, primer hijo que se incorpora a la EF, transición de la dirección y las correspondientes etapas en los ciclos de la familia. Cada una de estas etapas tiene su *tempo*, su momento, y es un error intentar detenerlas o provocarlas antes de tiempo. Se trata, como vemos, de acontecimientos que forman parte de la experiencia humana universal, hechos inevitables. Sin embargo, algunas personas exageran la respuesta a estos hechos y los convierten en un serio problema.

Crisis estructurales

Se dan en familias que parecen estar en permanente estado de crisis. Son crisis basadas en dinámicas internas de la familia por problemas en la comunicación o por la expresión o actuación constante de la competencia, la rivalidad, los celos. Son consecuencia de problemas en las relaciones entre los padres, entre alguno de los padres con uno de los hijos, entre los hermanos, por cuñados/cuñadas o yernos/nueras.

Una cuestión interesante en este momento es pensar cuál es el papel de la crisis en el devenir de la empresa.

El impacto de la crisis depende fundamentalmente de cómo está organizado el funcionamiento de la empresa y de la familia, y aunque siempre hay cambios, la dirección de ellos depende de las dinámicas internas de la familia. Todos conocemos situaciones, en distintas empresas y en distintas familias, donde la misma situación externa genera procesos diferentes. Como lo dice el viejo axioma: "unos ven problemas donde otros ven oportunidades".

La consulta

Durante alguna de estas crisis se realizan las consultas que giran alrededor de estar mal y querer estar mejor, de estar bien y prevenir problemas en el futuro, de estar bien y querer estar mejor, y otras veces por temas muy puntuales y específicos (por ejemplo: armar el protocolo familiar, acompañar un momento de crecimiento, preparar la incorporación de un gerenciador ajeno a la familia).

Los motivos más comunes son:

– Desacuerdos que no pueden resolver por sí mismos. Dependen del momento evolutivo de la empresa y de la familia.
– Cansancio en los padres y desconfianza en la capacidad de los hijos para seguir adelante.
– Asegurar, para las generaciones siguientes y futuras, pautas sobre el manejo de las acciones o el capital y otros temas que pueden plasmarse en el Protocolo.
– Visiones opuestas de los hermanos cuando aún están los padres al frente de la empresa.
– Uno de los hijos quiere retirarse y eso no es aceptado por los otros.
– No saber bien cómo incorporar a los hijos a la EF o cómo tratar las presiones para incorporar a otros parientes.

- Demoras en el inicio del proceso de la transición de la dirección.
- Mala comunicación entre los miembros de la familia por dificultades para reunirse y conversar.
- Discusiones por temas de dinero. Desacuerdos por la política de remuneraciones entre los miembros de la familia.
- Reclamos de los hijos por falta de delegación por parte de los padres o de los padres por falta de compromiso de alguno de los hijos o de todos ellos.
- Desacuerdos varios sobre cómo debe tratarse con la familia política y con las nuevas familias de los hijos.
- Fallecimiento repentino del principal dueño y directivo de la EF, y no saber bien cómo acomodarse a la nueva situación.
- Dirección muy personalizada de la EF y de los procesos de decisión centralizados.
- Distribución de tareas y responsabilidades poco clara y ambigua.

También existen conductas que generan cierto desorden en el funcionamiento de la EF que podríamos considerar como un "abuso" (de confianza) en el comportamiento concreto de algunos integrantes, por ejemplo:

1. La hija del dueño trabaja en la empresa de su padre, hace un tiempo se separó de su esposo y lleva a su hijo pequeño a la oficina, y el nene juega un rato con la computadora, se aburre, molesta, corre. ¿Quién y cómo le dice algo?

2. El hijo quiere trabajar pero también estudia y necesita tiempo para dar los exámenes, para estudiar, para... (más tiempo que el habitual, y mamá lo defiende porque el "nene tiene que estudiar").

3. El hijo se toma más días de vacaciones de los que le corresponden.

4. El hijo llega tarde como algo normal o no cumple los horarios.

5. Se contrata a un cuñado o yerno porque está sin trabajo y él quiere "aprovechar la situación para demostrar lo que vale", creando muchas veces verdaderos problemas.

Cuando la cabeza ve que su empresa es un desorden, afrontar esta situación generalmente lo lleva a poner límites, entonces pueden generarse peleas y situaciones incómodas aunque necesarias. La familia y las relaciones familiares dejan de ser un recurso para constituirse en un problema. Si la familia no es un recurso de sostén empresarial estamos frente a una situación delicada.

Los propios miembros de la familia se preguntan por qué ha pasado. ¿Qué hicimos mal? ¿Qué no hicimos que deberíamos haber hecho? Preguntas a las cuales, la mayoría de las veces, no les encuentran respuestas.

Las familias que consultan

Me resulta muy útil acercarme a las EF mediante el pensamiento sistémico tal como lo he comentado a lo largo de este libro y en otras obras. El pensamiento sistémico es un modelo para pensar y, a partir de allí, planificar distintos tipos de intervenciones. No hay nada en una EF que sea un sistema, su existencia está en la cabeza del observador (el consultor en este caso).

Parto de la base de que todas las familias tienen problemas. Algunas, como vimos, los pueden resolver por sí mismas, otras necesitan ayuda. Si bien la idea a lo largo de este libro es que cada familia es singular y no hay recetas universales, las familias con problemas tienen muchas cosas en común más allá de la naturaleza de esos problemas.

Cuando se está ante una familia con muchos problemas:

- predomina cierta frialdad en las conversaciones y, aunque el ambiente sea muy cortés, es aburrido;
- puede haber un clima calmo pero tenso, como en la calma que precede a la tormenta, los rayos y truenos pueden caer en cualquier momento;
- en ocasiones, las conversaciones parecieran estar llenas de secretos, no se sabe bien de qué están hablando, como si hubiera un código complicado;
- puede haber cruces verbales abiertos y directos de mayor o menor violencia pero disparados por nimiedades o por viejas cuentas nunca saldadas.

Cuando se está con una familia y, en la conversación, se tiene la sensación de estar caminando sobre un campo minado, de que en cualquier momento puede pasar algo indeseable sin tener indicadores claros de cuándo puede ser y los familiares sienten lo mismo, se está ante una familia con muchos problemas. Estas situaciones favorecen el desarrollo de enfermedades físicas en los miembros (quisiera aclarar para no ser malinterpretado, que no estoy diciendo que las enfermedades aparecen solo en familias con problemas ni que hay enfermedades porque la familia tiene problemas).

No suelen mirarse a los ojos cuando hablan entre sí y cuando lo hacen son miradas hurañas o agresivas, no se escuchan y las voces suelen ser estridentes o apenas audibles y cargadas de ironías y sarcasmos, sus conversaciones parecen ser una serie de monólogos más que diálogos. Se perciben pocos rasgos de ternura o cariño.

La excesiva dedicación a la EF de algunos también suele ser una característica de estas familias, a veces, pareciera que ese exceso fuera una búsqueda de refugio de los conflictos familiares.

La desesperanza y la frustración son sentimientos comunes y ese es el marco en el que suelen hacerse las consultas por la empresa.

Lo que uno percibe en esos casos es que "la familia" ha dejado de ser ese lugar donde pueden encontrarse el amor, la comprensión y el apoyo ante las circunstancias de la vida; ese lugar que permite "cargar las pilas", lo que yo llamo "el frente interno". En vez de ser un lugar que provee energía, la consume. Cuando el frente interno no está bien, todo lo demás se hace más difícil; por el contrario, cuando adentro las cosas funcionan, a todo lo demás se le atribuye menos importancia. Este cuadro de situación detiene y congela el ciclo vital tanto de la familia como de la EF.

De todos modos, nadie elige intencionalmente un modo de vivir tan complicado. Las familias lo aceptan solo porque no conocen otro camino. Muchas relatan una historia muy negativa de sí mismas: "siempre tuvimos mala suerte", "el destino nos juega en contra", "cuando nos va bien, algo pasa y todo se cae", "nunca supimos hacer buenos negocios", "cada vez que subíamos un escalón bajábamos dos", "desgraciadamente somos así", etcétera.

Una de las funciones del consultor de EF es ayudar a las familias a encontrar nuevas alternativas, a contarse un cuento distinto de sí mismas y que puedan así poner en marcha nuevamente su ciclo vital[3] (desde ya que, para conseguirlo, no hace falta ser terapeuta familiar).

Una familia conflictiva suele generar una EF con problemas, aunque no todas las EF con problemas son producto de familias con conflictos, como veremos más adelante.

Una de las consultas más comunes viene de parte de padres, gente grande, de unos sesenta años, con hijos profesionales o a punto de terminar una carrera universitaria que trabajan en la EF y que están preocupados o con dudas sobre el futuro porque no ven a sus hijos preparados o entusiasmados con la empresa. Existe el cariño, hay bienestar en la familia, están integrados, pasan muy buenos momentos todos juntos, pero la incertidumbre sobre el futuro se instaló y preocupa.

La frase "siempre supe qué hacer, ahora estoy con muchas dudas, nunca me había pasado" suelo escucharla de boca de algunos padres cabeza de una EF. Hoy en día, las reglas de juego del mercado cambian demasiado rápido para personas muy habituadas a pautas más estables, y si estas personas no ven (o no pueden ver) en sus hijos la seguridad que esperan, estamos en problemas.

El enfoque

La mayoría de las consultas en las EF se hacen porque alguien siente, o cree, que las cosas no andan bien o no van a andar bien en el futuro y sufre o está preocupado por ello. En general, el sufrimiento no es nuevo sino que se viene arrastrando; a veces la consulta se hace cuando ese sufrimiento ya se hace insostenible o como producto de algún desborde o descompensación.

Muchas veces, se consulta por la preocupación de algunos sobre la conducta o el comportamiento de otro/s.

---

3. Press, E.: "Los cuentos de la historia, hacia una nueva manera de mirar", *Sistemas Familiares*, año 10, n° 2, Buenos Aires, 1994.

Los fundadores acuden porque temen que no se cumpla su proyecto de continuidad de la empresa en el futuro o preocupados por algún hijo abrumado, por la relación entre sus hijos o por la situación con otros parientes (hermanos, cuñados, sobrinos). Un hecho que genera consultas son los episodios de salud serios e inesperados, propios o de alguien cercano. Otro es el del fallecimiento de algún conocido o un pariente que hace tomar conciencia de que la muerte es posible y no está lejos (independientemente de la edad). Muchos jefes de familia de una EF cuentan que se decidieron a llamar cuando un amigo, también dueño de una EF, tuvo un infarto. Los hijos consultan desilusionados por los conflictos con uno o ambos padres, por desacuerdos en el manejo de la empresa con padres o hermanos; por problemas de relación con alguno de ellos, por tener intenciones de "abrirse" y no saber cómo hacerlo o porque tienen temor a la reacción del resto de la familia.

En los últimos años, a partir de la difusión de herramientas para las EF y la tendencia a la profesionalización, aparecen consultas que tienen como objetivo la prevención de problemas en el futuro. Generalmente, llegan aconsejados por algún profesional vinculado a la empresa y la familia (contadores, abogados, consultores colegas) o por consejo de otra familia que lo haya hecho con un resultado satisfactorio.

Como expresé en capítulos anteriores, la imagen de personas que son de la misma familia, trabajan en la misma empresa propiedad de la familia y viven y trabajan en armonía, enfrentando las tensiones sin irritarse y cooperando siempre mutuamente se diluye ni bien uno conversa un poco sobre los problemas cotidianos con familias de EF.

Cualquier profesional que se acerque a una EF y solo la considere igual a otro tipo de empresa, va a tener dificultades.

Si se aceptan los supuestos sistémicos expuestos, es claro que mi atención va a dirigirse tanto a las personas individuales como a los sistemas relacionales de los que participan: al pasar de lo individual a lo colectivo, mi interés se traslada de la explicación del comportamiento individual tomado aisladamente, a la observación de las interacciones que ocurren entre los diversos miembros de la familia y entre la familia, y los otros sistemas que interactúan con ella. Hace falta prestar más atención a cómo ocurren las cosas que a por qué suceden, más a los efectos de la conducta que a su origen. Esto ayuda a saltar el cerco de la búsqueda y la sanción del culpable, de quién empezó, de quién fue el primero, discusiones estériles que no llevan a ninguna parte.

El pensamiento sistémico nos ofrece la posibilidad de ampliar el campo de observación para así comprender fenómenos que de otra manera nos resultarían incomprensibles.

Metodología

El primer encuentro

Las consultas llegan por el modo tradicional de una llamada telefónica o por correo electrónico, por recomendación de otro profesional, de otra familia cliente o por una búsqueda en Internet. En general, la conversación suele ser breve y coincidimos en que lo mejor es hacer una reunión para saber bien de qué se trata, sea en la sede de la EF o en la oficina del profesional. Habitualmente se hacen pocas preguntas en esa conversación y casi todas están dirigidas a saber quién o quiénes saben de la consulta y si están o no de acuerdo en hacerla.

El primer paso es construir un clima amable para la conversación. Hay que tener en cuenta que la gente con problemas se siente mal, que para el fundador que ha construido una empresa (casi siempre) solo y con mucho esfuerzo, estar ante una situación que no puede resolver por sí mismo es una circunstancia muy difícil. Mucho más difícil, como vimos, es comentarlo y decirlo en voz alta a un extraño, por más recomendado que esté y por más confianza profesional que se le tenga. Por eso, es fundamental construir un clima amable, hacer sentir cómodo al consultante y mostrarle que el consultor es un profesional idóneo y confiable.

Por este motivo, en general, lo ideal es organizar la reunión en la sede de la propia empresa. Suele ser un gesto importante para la construcción de un buen clima de trabajo permitir que los dueños "nos muestren" la empresa de la cual, al margen de los problemas, se sienten orgullosos.

No hay una fórmula sobre quiénes deben participar de esa primera reunión; en general, es mejor si están todos los miembros de la familia que pueden o quieren. En principio, en una primera reunión es preferible que no participe nadie que no sea de la familia.[4] Lo más frecuente es que el primer contacto sea con los padres que están ejerciendo la dirección en ese momento.

Una vez que hemos decidido el lugar y se ha informado a los participantes, llegamos a la reunión. Después de los primeros minutos de conversación social, suele haber dos caminos: o bien los participantes optan por contar la historia de la empresa (suele suceder en la mayoría de las ocasiones) o por ir directamente a los problemas. Cualquiera sea la forma de comenzar, finalmente hablaremos de todo, por lo que es mejor "entrar por la puerta que abre la familia".

Es recomendable escuchar a todos los participantes de la reunión. Esto es una premisa básica de la actividad del consultor profesional: todos los que están en la reunión, sin

---

4. Puede ser que alguna persona, a pesar de ser ajena a la familia, tenga una vital importancia y los mismos miembros de la familia soliciten que esté presente. Si existe un buen fundamento, en general accedo a la petición. En mi experiencia, los consultantes aceptan de buen grado que solo asistan miembros de la familia.

excepción, deben tener la oportunidad de expresar su punto de vista y a los menos proclives se los puede alentar de una manera amable para que lo hagan. Es fundamental, en estas ocasiones, prestar mucha atención a las interacciones, los tonos de voz, gestos, miradas, cruces de miradas, interrupciones, ya que todos son elementos indicativos del funcionamiento de esa familia.

Desde que el consultor llega a la empresa, es recomendable que preste atención a todo: el aspecto exterior, si lo atienden en seguida o lo hacen esperar, cómo es el espacio físico en el que los miembros de la familia trabajan, si les resulta fácil o no tener contacto visual entre sí mientras desarrollan sus tareas, si tienen o no lugares para cada uno, si existe un lugar privado de reuniones, el orden y la limpieza, etcétera. Todos estos elementos constituyen mensajes sobre cómo funciona la EF y complementan a aquellos que surjan en las conversaciones.

Primera etapa. Evaluación/diagnóstico[5]

La metodología de trabajo que yo prefiero es por etapas. La primera etapa es una evaluación de la situación o diagnóstico cuyo objetivo es "saber dónde estamos parados", qué está pasando en esa EF.

¿Qué es y cómo se hace una evaluación?

Es muy importante dejar en claro que la evaluación no es un proceso pasivo sino activo y dinámico: pasan cosas y ellas traen consecuencias. Además de ser una actividad dirigida a recoger información, trae consigo posibilidades de cambio incluso en esta etapa inicial, porque las preguntas y las

---

5. A los fines prácticos de este libro, utilizo los términos "evaluación" y "diagnóstico" como sinónimos.

conversaciones pueden llevar a modificar puntos de vista, creencias o el modo de ver las cosas.

La conversación es la herramienta fundamental. A mi entender, nada reemplaza el contacto personal cara a cara. Las conversaciones habitualmente tienen momentos espontáneos y otros semidirigidos, mediante preguntas se va facilitando que los consultantes comenten sus inquietudes y problemas, y también uno va construyendo en su cabeza un cuadro de situación.

Existen situaciones que permiten reuniones con todo el grupo y otras que no. Si los antecedentes son de relaciones sumamente conflictivas, lo más probable es que las reuniones grupales se desarrollen con altos niveles de tensión. En mi experiencia, aprendí que, en general, para los mismos miembros de la familia es mejor que las reuniones transcurran con baja tensión ya que esto por un lado facilita la escucha y el entendimiento y por otro sirve como modelo de reunión para cuando estén a solas. Es un recurso nuevo del cual apropiarse.

Las conversaciones, en esta primera etapa, conviene realizarlas con todos los miembros de la familia, tanto en forma grupal como en reuniones individuales con cada uno, trabaje o no en la empresa. La mayoría de las veces, en algún momento antes de finalizar el diagnóstico, es conveniente reunirse nuevamente con toda la familia con el objetivo de compartir con todos nuestras impresiones. En el caso de que haya más de una familia, por ejemplo dos hermanos socios con sus hijos que trabajan en la EF, me reúno por separado con cada una de las familias.

El hecho de considerar a las familias y sus miembros como partes de un sistema, de un todo, no quiere decir que deban ignorarse sus aspectos individuales y privados. Toda persona y toda familia tienen derecho a conservar para sí aspectos que no quiere que trasciendan. En este sentido, es muy importante que el consultor guarde confidencialidad sobre lo que escucha, y muchas veces sobre lo que dice, en conversaciones privadas ya sea con una familia o una persona. Básicamente se trata de que el consultor no se transforme en un correveidile y alimente una circulación tóxica de la información.

Cuando las relaciones son muy conflictivas o existe un enfrentamiento intenso, las palabras del consultor pueden ser utilizadas en contra de unos y otros. Por eso es bueno ser muy cuidadoso en lo que se dice a unos delante de otros. Escuché o me han contado que uno le dice a otro: "viste lo que te dijo Press, es lo mismo que te digo yo…", "tuvo razón Press cuando te dijo...". El riesgo es que nuestras palabras se conviertan en proyectiles de unos contra otros en las discusiones.

Otra de las cosas que conviene hacer, aunque no necesariamente en la etapa diagnóstica, es conversar con los profesionales de confianza de la familia y que tengan un vínculo de muchos años con la EF, como el abogado o el contador.

¿Qué se busca en las conversaciones?

Las preguntas deben apuntar a ir armando un cuadro de situación desde la perspectiva de cada uno de los miembros de la familia. Es más importante saber la opinión de cada uno que establecer cuál es la versión "verdadera y real" de lo que está pasando; como diría Sluzki, tal vez no exista ninguna versión "verdadera y real".

Otro objetivo de esta etapa es determinar una jerarquía de problemas para que no nos inunden con las dificultades: priorizar lo que más los preocupa en este momento.

Las preguntas más habituales son:

¿Qué ve cada uno que está pasando?
¿Por qué es un problema?
¿A qué cree que se debe?
¿Cómo llegaron a esta situación?

¿Qué hicieron hasta ahora para resolver este problema?
¿Por qué cree que eso no resultó?
¿Qué es lo mínimo que tendría que suceder para pensar que se está mejorando?
¿Cuál es el objetivo de la consulta, qué quieren, qué buscan, qué están dispuestos a hacer?
¿Qué esperan que el consultor haga?
¿Cómo cree que lo ve cada uno de los otros?
¿Cómo ve a cada uno de los otros?
¿Dónde considera que está el foco de la tormenta?

Estas preguntas, que pueden formularse de diferentes maneras, no constituyen una receta universal ni están presentadas en orden jerárquico, pero sirven de guía para ir acercándonos a la comprensión de lo que está sucediendo. Personalmente, las utilizo casi siempre en las reuniones individuales, así al final puedo armar en mi cabeza una composición de la situación que me permita ubicar el foco de la tormenta, proponer objetivos y prioridades, proponer un plan de trabajo y discutir todo esto con la familia que consulta. Son conversaciones que la familia solo tiene en momentos críticos y en forma de reproches o quejas; conversaciones poco efectivas que se cierran cuando, por el motivo que sea, el momento crítico ha pasado y entran en una nueva crisis. Esto forma un círculo vicioso.

Sobre el Informe de la evaluación

En toda consulta, es conveniente entregar un informe por escrito, que previamente se haya tratado en persona con quienes participaron del proceso de evaluación. Los participantes varían según el caso y no existe un criterio único para escogerlos. Por ejemplo, en una empresa formada por padre, madre, hijo e hija el informe fue presentado a los cuatro en forma conjunta; mientras que, en otra empresa cuyos dueños eran dos hermanos y trabajaban con sus hijos, el informe fue presentado primero a los dos hermanos y luego al grupo de primos, porque pareció una mejor alternativa en ese caso. En cada situación específica debe buscarse la manera más adecuada para que el mensaje llegue con las menores interferencias posibles. Lo que debe evitarse es comentar el informe en reuniones individuales: es importante que "haya testigos presenciales" para evitar tergiversaciones.

Uno de los beneficios de que el informe sea por escrito es que haya memoria, ya que suele olvidarse con mucha facilidad el punto desde el cual se ha partido.

El informe contiene la metodología utilizada y las personas que participaron, los motivos por los que se hace la consulta, los antecedentes y los comentarios sobre la situación actual, las conclusiones y las recomendaciones. Este es un orden que, en lo personal, suelo respetar en todos los informes.[6]

Algunas cuestiones complementarias a la evaluación

Las herramientas complementarias son la definición de la misión, visión, valores y objetivos de la EF. Son cuestiones muy importantes porque, en general, si están establecidos no suelen ser revisados, y nos encontramos con objetivos de la empresa definidos diez años atrás, cuando muchos ni siquiera trabajaban en la empresa.

Otra herramienta muy útil es el análisis FODA[7], que permite una muy buena visión de "dónde estamos parados" con relación a la empresa. Este análisis es mucho más beneficioso si se hace en forma conjunta con todos los miembros de la familia.

---

6. Todavía conservo algunos modelos de los informes médicos que me resultan útiles: motivo de consulta, antecedentes, situación actual, síntomas, datos observables, conclusiones, comentarios e indicaciones.
7. Sigla por Fortalezas, Oportunidades, Debilidades y Amenazas.

Existen algunas herramientas que compartimos consultores de diferentes rubros por lo que es aconsejable explorar si ya fueron utilizadas por algún colega en la EF que nos consulta. Si lo hicieron, conviene revisar las conclusiones junto con la familia.

Programas

Cuando se llega a la etapa de diseñar un plan de trabajo con la familia, suelo usar un formato al que denomino "Programa de trabajo para…" que incluye:

- Antecedentes: los fundamentos del programa.
- Objetivos: hacia dónde apuntamos y qué queremos conseguir.
- Procedimientos y metodología: cómo lo vamos a hacer.
- Cronograma: cuándo lo vamos a hacer.
- Mecanismos de evaluación.
- Profesionales asignados: quiénes lo coordinarán.

En general, los programas de trabajo se desarrollan por etapas de duración variable. Cada etapa tiene sus objetivos y, al finalizar, nos juntamos y evaluamos si se cumplieron o no, en qué lugar del proceso estamos y si vale la pena continuar con las siguientes etapas de trabajo.

Por mi experiencia, creo que las familias con las que trabajamos evalúan los procesos en forma permanente y espontánea, ellos mismos perciben si vamos mejor o no. Por eso, es importante trabajar con objetivos claros y en etapas. Esto ayuda a que las familias puedan experimentar la concreción de logros, y es un elemento muy motivador que facilita mucho la prosecución del proceso

También es importante promover las objeciones a lo que se está haciendo por tres motivos: en primer lugar, porque la gente muchas veces, frente a un profesional, asume una actitud pasiva que no es buena para el proceso; en segundo lugar, porque al recibir cuestionamientos y trabajar sobre ellos "como algo natural" también puede ser un modelo de cómo tratar las objeciones, cosa tan difícil en las familias con problemas, y finalmente porque las objeciones que nos hacen resultan una excelente fuente de información sobre la familia y la EF.

Además de que los cuestionamientos nos ayudan (a los consultores) a hacer los cambios necesarios para mejorar nuestra labor, ellos nos permiten evaluar el modelo de vínculo que estamos ofreciendo. Pequeño favor estaríamos haciendo a nuestro trabajo (y a nuestros clientes) si nos mostráramos intolerantes a las objeciones, ya que haríamos lo mismo que la mayoría de las EF cuando tienen problemas.

Vale comentar que en este momento muchas EF consultan directamente para realizar el Protocolo de la EF,[8] a veces en forma espontánea porque lo leyeron en alguna parte o escucharon que era recomendable hacerlo, otras por recomendación de algún profesional o de otros dueños de una EF. Si bien esto es así, suele ocurrir que ya en la primera o en la segunda entrevista comentan alguna situación conflictiva y suponen que el protocolo podría ser una herramienta para su solución. Debemos evaluar si esa situación conflictiva puede obstruir o no la construcción del protocolo. Muchas veces las conversaciones sobre los temas incluidos en el protocolo diluyen la situación conflictiva sin habernos detenido específicamente en ella.

Los programas de trabajo varían según la índole de los problemas: cuando existe sufrimiento intenso y las situaciones conflictivas hacen peligrar la continuidad de la empresa, ya no en el futuro sino hoy, la prioridad es comenzar a revisar rápidamente estas situaciones, ofrecer contención y

---

8. Lo veremos con amplitud en el Capítulo 6.

ayudar a disminuir la intensidad del sufrimiento. Si no bajamos los niveles del enfrentamiento, las conversaciones se hacen muy difíciles y nuestras intervenciones serían más de lo mismo.

Objetivos del programa

Varían según la empresa. Lo más importante es que sean claros, consensuados y con un plazo determinado. Debemos decir hacia dónde apuntamos, para qué y para cuándo. Sin estos ingredientes, cualquier programa será inútil.

Recursos

El recurso con el que contamos es la conversación; los problemas se dan y surgen mediante una serie de conversaciones y a través de una nueva serie de conversaciones se podrán resolver. Muchas veces, es necesario complementarlas con algún tipo de práctica o ejercicio para concienciar sobre un punto determinado o cuestionar preconceptos.

Un recurso, que he descubierto de gran utilidad, es la indicación de tareas con el objetivo de generar nuevos hábitos en las relaciones. Por ejemplo, frente a la irrupción espontánea e intempestiva de temas sobre las relaciones, sugiero establecer un día y hora (por ejemplo, los jueves de 18:00 a 18:45) para ordenar esas conversaciones. La sola sugerencia genera alivio porque muestra que algo puede hacerse con la impotencia que se siente ante "la espontaneidad".

Cómo intervenir

A continuación comentaré algunos de los recursos que más utilizo. A esta altura de mi carrera, he podido desarrollar un modelo de pensamiento que sustenta mi técnica de intervención y que es una manera de comprender y ayudar a las familias y a las EF.

Sobre la comunicación

Es muy común que encuentre dos tipos de situaciones referidas a la comunicación. Una de ellas es la inutilidad de las conversaciones: hablan todos al mismo tiempo, no se escuchan, se superponen las respuestas antes que el otro termine su exposición, no se interesan por conocer la opinión de cada uno, se atribuyen intenciones y pensamientos sin corrobar si es así, lo que en definitiva lleva a una importante demora o apresuramiento en la toma de decisiones, ambas con altas posibilidades de error.

La otra situación es directamente la ausencia de diálogo. En general, aducen falta de tiempo por la vorágine del día a día, pero por lo que sea, los miembros de la familia no se reúnen para tratar sobre aspectos sustanciales de la gestión y mucho menos sobre el futuro de la EF.

Entonces, una de las primeras tareas es crear escenarios donde sean posibles conversaciones que permitan arreglar las cosas y lograr acuerdos sostenibles en el tiempo. Claro que es mucho más fácil decirlo que lograrlo. Pero finalmente las familias de EF que consultan van tomando conciencia de la importancia de mejorar la calidad de sus conversaciones. En este sentido, el lugar del consultor es muy importante porque del desarrollo de estas conversaciones depende que la intervención sea exitosa o no.

La propia reunión con el consultor es, en sí misma, un espacio de conversación. En muchas empresas me dicen que esa es la primera vez que se juntan todos para hablar de estos temas.

Dado que en muchas ocasiones las familias que consultan viven en situación de tensión casi permanente, suele ser más fructífero trabajar con bajos niveles de tensión. Por este motivo, es importante redefinir ese momento como parte del interés que tienen todos en encontrar una solución a los problemas. En mi experiencia, la presencia de un tercero confiable dispuesto a escuchar y a facilitar que se escuchen, de por sí, genera una importante baja en las tensiones que pudiera haber.

Recuerdo un caso donde ambos padres y los hijos trabajaban en la EF. La primera reunión fue con los padres y la segunda con todos. En la última, los hijos describieron varias situaciones con críticas hacia el padre sin perder un clima amable. Cuando se expresan críticas de unos a otros suelo pedir que no se contesten, que se limiten a escuchar porque lo importante es que cada uno sepa qué piensan los otros. Más adelante veremos qué hacer con eso. El asunto es que una mirada ingenua diría que el padre fue "el más castigado". Sin embargo, al día siguiente recibo un correo electrónico de ese padre con palabras de agradecimiento y comentándome extrañado que, a pesar de las críticas recibidas, estaba contento, sentía que por fin estaban haciendo algo por sí mismos en lugar de sufrir pasivamente. Mi intervención consistió simplemente en facilitar que se escucharan sin responder, fundamentado en que, más allá de cuáles fueran los resultados, esa era la forma para que unos y otros supieran qué era lo importante para los demás. El comentario de este padre significaba que habían recuperado el optimismo. Después, los mismos miembros de la familia incorporaron estos hábitos de conversación.

A veces tengo la sensación, sobre todo en las primeras reuniones, de ser como aquellos antiguos agentes de policía que, parados en el medio de un cruce de avenidas, dirigían el tránsito indicando quiénes podían pasar y quiénes debían detenerse.

Siempre es bueno estar atento a cuáles son los temas de conversación. En general, en los comienzos de la consulta, las relaciones son el eje de las conversaciones. Si todo va

bien, paulatinamente el eje se va trasladando de las relaciones a las cuestiones sustanciales del funcionamiento de la empresa y de su futuro.

La calidad de las conversaciones suele ser un indicador muy importante a tener en cuenta en la evaluación de nuestro trabajo. Para definirla deben tenerse en cuenta básicamente dos aspectos: cómo hablan (si se escuchan, si pueden terminar de decir lo que desean, etcétera) y de qué hablan (si es de sus relaciones o de los asuntos de la gestión). La mejora en la calidad de las conversaciones suele ser imperceptible para los miembros de la familia y se sorprenden muy gratamente cuando tengo oportunidad de señalarlo. Y lo hago cuando observo que se sostiene en el tiempo.

La utilización de herramientas comunicacionales de la negociación y la mediación facilita mucho el trabajo del consultor a la hora de mejorar la calidad de las conversaciones.

La redefinición consiste en introducir un cambio en el marco conceptual, en el soporte ideológico, en el fragmento de la realidad personal que sirve de soporte a los problemas, pero sin cambiar los hechos. Como dije anteriormente, se trata de incluir modificaciones en la historia que cada uno se cuenta a sí mismo, esto rompe la lógica que las personas aplican para explicarse sus problemas y permite abrir el campo a la intervención, una vez saltado el cerco de las rotulaciones negativas de las conductas que hacen difícil gestar cualquier tipo de cambio.

Por ejemplo, la definición "mi padre es un hombre rígido" podemos transformarla en "un hombre grande acostumbrado a ver las cosas de cierta manera"; un hijo rotulado como "inconstante y disperso", puede ser redefinido como "un muchacho joven lleno de energía, ávido por cosas nuevas". Si además agregamos que ambas cualidades son necesarias para el desarrollo de la empresa, que no son opuestos incompatibles si no complementarios, estamos cambiando el escenario de la conversación. Se trata de transformar los problemas que sienten insolubles en experiencias cuya modificación es accesible.

Esto es ayudarlos a contarse un cuento distinto. Hace muchos años escribí[9] que la gente sufre por la interpretación que hace de su historia y que, si uno pudiera ayudarla a contarse un cuento diferente, estaría facilitando un cambio a partir de una modificación en la lógica de la formación de los problemas.

La idea o creencia de cómo son las cosas, de por qué suceden y de cómo deberían ser, es lo que yo llamo "el cuento" que se hace la familia de sí misma (otros autores lo llaman "sistema de creencias"). Obviamente, esta es la materia prima desde la cual debemos comenzar a construir un nuevo "cuento".

---

9. Press, E.: *op. cit.*

En una primera reunión con ambos padres de una familia con hijos adultos (algunos trabajan en la EF y otros no) cuyo objetivo era comenzar a trabajar para elaborar el Protocolo de la EF, la mamá, después de contar una situación conflictiva de ambos con su hijo mayor (único varón), dice: "como padres fuimos un fracaso". El padre escuchaba en silencio, mirándola sin un gesto en su rostro.

La reunión prosiguió conversando sobre en qué consistía el Protocolo, cuál era la metodología de trabajo y esas cosas. Un poco antes de terminar, en un espacio que habitualmente me reservo para hacer algunos comentarios, mirándola a los ojos a la señora le digo: "la invito a revisar su idea de haber fracasado como padres, si bien los conozco poco me animo a decir que me parece inmerecido, lo que no quiere decir que hayan hecho todo bien, solo pienso que ustedes hicieron lo que creyeron que era mejor en ese momento con los recursos que tenían a mano, seguramente si hubieran contado con otros recursos lo habrían hecho diferente". En ese momento, interviene el padre y cuenta cuáles habían sido sus objetivos en el momento de tomar tal o cual decisión. Ninguno de ellos era negativo, ninguno apuntaba a que las cosas pudieran salir mal. La mamá se suma y entre ambos cuentan lo mismo pero de una manera distinta. Desde ya que este simple comentario no va a hacer que la señora modifique su cuento de madre, sino que esto surgirá de un proceso en el cual el consultor va sembrando ideas diferentes que aparezcan como alternativas a la "historia oficial". Lo que el consultor comienza a ofrecer es la idea de que existen otras maneras de mirar la misma historia.

Creo que este tipo de intervenciones son una semilla distinta sembrada en un campo acostumbrado a recibir semillas con cargas negativas. De aquí a lograr un cambio sostenible en el tiempo, nos separa aún un largo camino.

Sugerir comportamiento

Cada tanto y en algunas circunstancias, es positivo sugerir un tipo de comportamiento diferente a alguno de los miembros de la familia. La idea es que dar una instrucción o indicación de conducta a todos o a alguno de los integrantes de la familia les permitirá vivir una experiencia distinta de la habitual y, por lo tanto, generar consecuencias diferentes.

Las intervenciones más habituales suelen ser sencillas y están relacionadas con la forma de comunicarse: un gesto con la mano para impedir una interrupción; pedirle a alguien que habla en términos impersonales (se hizo, se trató) que lo personalice (quién lo hizo, cuándo lo hizo); solicitar que cuando se esté refiriendo a otra persona presente en la reunión se la mire a los ojos y se le hable a ella (no al consultor); pedir a uno de los interlocutores que escuche al otro hasta que termine para poder entender mejor lo que quiere decir. Estas simples e "inocentes" intervenciones permiten cortar circuitos de malentendidos y promueven nuevos hábitos de conversación. La necesidad de estas intervenciones va disminuyendo con el tiempo, ya que la gente lo va incorporando como parte de sus recursos.

Un ejemplo es el caso de una EF constituida por padre e hijos en cuyas reuniones de directorio yo participaba. Eran cuatro personas que compartían el mismo espacio físico en el cual cada uno tenía su escritorio con sus notebooks y papeles. Uno de los hijos, durante las reuniones, mantenía la tapa de su notebook levantada y, cada tanto, miraba algo en el monitor y usaba el teclado. Esto generaba el airado reclamo de uno de sus hermanos, que lo acusaba de distraerse y de no interesarse en los asuntos que estaban tratando.

En un encuentro individual con el hermano que usaba la notebook durante las reuniones, le pregunté si era importante lo que hacía en esos momentos, y respondió que no mucho. Volví a preguntar qué podía pasar si postergaba unos minutos esa actividad hasta que terminara la reunión y él contestó que nada importante y que efectivamente podía hacerlo. Ante estas respuestas, le sugerí que en las próximas reuniones no abriera su computadora y así lo hizo. De esta manera, la intervención permitió evitar ese tipo de interrupciones.

Personalmente, prefiero realizar la sugerencia de comportamientos individuales en forma privada en una reunión personal para evitar que estas sugerencias sean utilizadas, como lo expresé anteriormente, por los demás miembros de la familia como argumentos contra esta persona: "hiciste o no hiciste lo que te dijo Press", o "tiene razón Press en lo que te dijo", etcétera.

Estas sugerencias tienen por objetivo romper una secuencia de interacciones problemáticas o intervenir sobre ciertas actitudes familiares disfuncionales directamente relacionadas con los problemas que dieron origen a la consulta.

Otro ejemplo es el de una empresa durante cuyo proceso de evaluación escuché en más de una reunión comentarios "como al pasar" sobre que distintos miembros de la familia hablaban entre sí delante de otros empleados de la empresa, aun cuando muchas de esas conversaciones eran de reclamos, quejas y reproches. Sé por experiencia los inconvenientes que este tipo de situaciones representan para las EF: las familias muestran aspectos de su intimidad a otros con los que trabajan y no es positivo lo que se genera: desde desaliento y desmotivación hasta la posibilidad de usufructuar esas situaciones para beneficio propio mediante intrigas. Recomendé a todos los miembros de la familia, aun antes de terminar la evaluación y como si fuese un elemento de un botiquín de urgencias, que evitaran ese tipo de interacciones delante de sus empleados. Todos estuvieron de acuerdo porque sabían que lo que hacían no estaba bien, pero por algún motivo necesitaban que alguien de afuera se lo dijera e indicara algo al respecto.

Sobre las técnicas a aplicar

¿Qué hace usted? ¿Cómo lo hace? ¿Qué se podría hacer en un caso como...?

Son preguntas que suelen hacerme y siempre me ponen en una situación incómoda porque es difícil dar una respuesta satisfactoria y mi interlocutor puede interpretar que no quiero decirlo.

En realidad, lo que sucede es que una técnica es un tipo de acción que uno hace en un momento determinado para lograr un resultado específico. Solemos disponer de un montón de técnicas originadas en infinidad de prácticas diferentes y elegimos la que nos parezca más adecuada en ese momento y para esa EF. Para otra empresa en la misma situación, puede no ser la más indicada o incluso para la misma EF en otra situación. Si en nuestro repertorio no tenemos lo que necesitamos, lo inventamos. Eso es lo fascinante de este trabajo: no existe la rutina.

No suelo utilizar "técnicas efectistas" sino herramientas que me ayuden a cuestionar los preconceptos de las personas, a generar situaciones de cambio, acompañarlas y hacer que se sostengan en el tiempo.

Uno de los riesgos de basarse en las técnicas es el de la "técnica única". Para mí, ellas son como esos pertrechos que llevamos en una caja de herramientas: suelen ser muy variadas y para resolver diferentes problemas; si solo se lleva un destornillador, todo lo que no sea un tornillo será un problema.

Desde los primeros años de mi vida profesional privilegié la singularidad de las personas y de las familias por sobre las técnicas, lo cual me generaba discusiones con mis colegas porque muchas veces no aplicaba "la técnica de la manera correcta". Este es otro riesgo: "aplicar las técnicas de la manera correcta". El problema con las técnicas es que pueden usarse como moldes de figuras preestablecidas, sin tener en cuenta las características de la materia prima. En un comienzo y como parte del aprendizaje, supongo que todos tenemos que usar estos moldes hasta cierto punto. Más adelante, sin embargo, es necesario que aprendamos a ser más específicos y abiertos en la variedad de herramientas que usamos y en el uso prudente de las técnicas para atender la singularidad de los que nos consultan.

Algunas pautas a tener en cuenta

- En las reuniones grupales, todos los miembros presentes deberían poder intervenir y exponer sus creencias y expectativas con respecto al problema concreto. Es esencial facilitar, de forma amable, la participación de aquellos menos proclives a hacerlo y si alguien, para expresar su opinión, se limita a decir que piensa lo mismo que otro, es recomendable pedirle que lo diga con sus propias palabras. Es muy importante que cada persona se escuche a sí misma opinar con sus propias palabras.
- En las conversaciones grupales, fundamentalmente en las iniciales, es recomendable tratar de evitar las interrupciones salvo que sea una pregunta dirigida a quien habla para que aclare algo y que, cuando sea su turno, el otro trate de dar su opinión sin necesariamente "contestar" al anterior. Todos y cada uno tienen su propia idea sobre los asuntos a tratar; cuando se dedican a contestar al otro, la conversación se empobrece; cuando cada uno expresa su propio punto de vista original, la conversación se enriquece.
- Como consultores mantenemos cierta neutralidad para impedir la formación de alianzas con alguno de los miembros de la familia. La idea es que nadie pueda decir: "el consultor está de mi parte". Mi forma de

lograrlo es aclarando que soy neutral en ese aspecto pero que no lo soy en cuanto a prestarles ayuda.

- Es necesario jerarquizar la búsqueda del consenso para la solución del problema ante otro tipo de alternativas como las de elección por mayoría de votos. Es más importante el "todos para uno" que una solución con apoyos parciales.

- En las cuestiones de una EF, es prioritario no sacar las cosas de cauce respecto de las relaciones familiares y la estructura familiar. En todas las familias existen alianzas y coaliciones que serán importantes si están fuertemente establecidas y tienen una clara relación con el problema de la EF. Partimos de la base de que no existen familias enfermas sino familias con problemas.

- Si bien buscamos promover la creación de un espacio común de conversación, también es necesario respetar el terreno propio, la individualidad de cada uno.

- Siempre es bueno mantener y respetar las jerarquías de la familia y las funciones de cada uno en la EF. Lo ideal es que se establezcan límites claros y flexibles tanto entre los miembros de la familia como en las funciones que cada uno desarrolla. Esto no quiere decir que no se promueva la revisión de las aptitudes de cada uno para las tareas que se están haciendo.

- Es fundamental mantener un alto nivel de confianza en los propios recursos y fuerzas de la familia empresaria porque son ellos los especialistas en sí mismos, quienes más saben sobre ellos y su empresa.

CAPÍTULO 5

TRANSICIÓN DE LA DIRECCIÓN

En la bibliografía sobre EF es común encontrar el término "sucesión" para referirse al traspaso del mando. Sin embargo, también el término se utiliza para denominar al proceso por el cual se transfieren los bienes de una persona fallecida a sus herederos. La asociación entre ambos significados resulta en una connotación negativa que suele producir la postergación de dicha transición o, incluso, que no se hable del tema. Por este motivo, y para eliminar la connotación negativa de este proceso, elijo el concepto "transición de la dirección" porque creo que describe mejor el proceso de paso del mando y porque considero que la transición de la dirección en una EF es un proceso vital y no mortal.

Si pensamos que una EF consiste en que la gestión y el capital estén en manos de una misma familia, nos encontramos con diferentes transiciones: la de la dirección (gestión) del capital y la de la propiedad, que pueden ir tanto juntas como separadas. Muchos son los casos en los que la dirección (la gestión) de una empresa pasa a manos de los hijos del fundador, pero este sigue siendo el único accionista y propietario de la empresa, aunque esta situación sea una posible fuente de problemas.

La transición es un tema muy complejo, que se quiere y se rechaza, que se desea y se teme. Los hijos ven a los padres "anticuados", los padres ven a los hijos "modernosos" y sin experiencia. Tanto unos como otros quieren y temen el cambio al mismo tiempo.

Es muy habitual y hasta natural que a la primera generación, la fundadora, le cueste retirarse del manejo de la empresa. Estas personas han dedicado 30, 40, 50 o más años de su vida a construir una compañía con mucho esfuerzo, y se sienten muy orgullosos de haberlo hecho. En algún momento, se decidió la incorporación de los hijos u otros familiares, lo que les permitió, por un lado, delegar ciertas tareas, mientras que por otro, requirió mayores esfuerzos por lo complejo de las relaciones. Muchas veces se les reprocha (no siempre con justicia) no haber preparado a la generación siguiente y ser un freno para el progreso. Pero de una u otra manera esta primera generación construyó y continuó una empresa y llega un momento en el que debe pasar el mando.

¿Cuándo comenzar?

Una de las preguntas más frecuentes apunta a uno de los temas más importantes: ¿cuándo debe comenzar la transición?

Veamos algunas estadísticas de la Argentina (similares a otras del resto del mundo).

En un estudio que citan Pithod y Dodero[1], se analizaron 42 empresas y, según el momento en que se inició el proceso de transición, arrojó los siguientes resultados:

- 10 años antes de su culminación, la transición fue exitosa en 12 de 14 empresas (85%).
- Menos de 2 años antes, la transición fue exitosa en 2 de 8 empresas (25%).
- Entre 10 y 2 años, la transición fue exitosa en 10 de 20 empresas (50%).

Durante un curso, al comentar esta investigación una alumna exclamó: "¡10 años!" Inmediatamente, recordé una anécdota que había leído hacía poco tiempo en la que el presidente de Sony contaba que su padre lo llevaba a las

---

1. Pithod, A. y Dodero, S.: *La empresa familiar y sus ventajas competitivas.* El Ateneo, Buenos Aires, 1997.

reuniones de directorio cuando él tenía solo 4 años. ¡Eso es tener una idea clara de la transición!

Si estamos de acuerdo en considerar a las EF como sistemas sociales, como organismos vivos que se desarrollan en un devenir constante de movimientos de cambio y de conservación, y si somos rigurosos en ese pensamiento, tenemos que decir que lo definido como cambios son etapas inseparables de un *continuum*. La definición de los momentos de cambio y la segmentación en etapas, como vimos, son simples descripciones didácticas de procesos sin fin.

Si compartimos esto, puedo decir que la transición de la dirección se esboza cuando comienza la EF, se va desarrollando según como se vaya dando el vínculo familia/empresa y depende mucho de la relación afectiva generada entre la empresa y los hijos, como veremos más adelante en este mismo capítulo.

"Cuándo" llega el momento es imposible de establecer a modo de regla. No existe un momento preciso y universal para todas las EF. De hecho, el tema más importante probablemente no sea cuándo sino cómo se hace el proceso de traspaso del mando. Salvo incapacidad repentina, por accidente, enfermedad o fallecimiento, es raro que este cambio ocurra de un día para el otro. Lo más común es que sea un proceso, es decir, una serie de acciones a través del tiempo que tienen como objetivo que un miembro de la generación siguiente asuma progresivamente más responsabilidad. A este proceso lo llamo "Transición de la Dirección".

Tal vez, este sea uno de los temas más difíciles de encarar por las familias de EF. El paso del tiempo, la vejez, el deterioro, la enfermedad, la disminución de las capacidades cognitivas, el cansancio, la necesidad del retiro, la fantasía del descanso, son experiencias que distintas familias viven de diferentes maneras según su propia historia, según "el cuento" que se cuenten.

Este proceso de transición está estrechamente relacionado con las experiencias de ingreso de la generación siguiente, ya que es la que va a asumir el mando de la compañía, pues cuanto más preparada esté, más fácil le será. Al mismo tiempo, este proceso forma parte de la evolución de la propia familia, de cómo hayan vivido los diferentes cambios a lo largo de la vida.

Si uno de los ingredientes más importantes del proceso es la preparación (formación) de los que van a tomar la posta, a la pregunta de cuándo empezar, deberíamos responder "tan pronto como se pueda comenzar a preparar a la generación que sigue".

La preparación consiste en formar profesionalmente a los miembros de la familia que, en principio, quieran trabajar en la EF y se sientan aptos para hacerlo, tema que ampliaremos más adelante cuando tratemos la profesionalización de las EF.

Toda EF tiene la expectativa de que su negocio perdure. Para esto, como decía mas arriba, debe ser consciente de que no es un acto, es un proceso que conviene planificar con suficiente anticipación.

¿Planificar qué, cómo? Planificar aspectos de la gestión, de la propiedad y de la familia. Entonces, sería prudente primero considerar cuestiones tales como si el fundador va a seguir trabajando en la EF y, de ser así, cuáles serán sus tareas y responsabilidades.

La mayoría de las veces, cuando el fundador continúa trabajando en la EF pero deja de estar al frente, sus tareas quedan en una nebulosa y provocan que, finalmente, no haga más que deambular por la empresa metiéndose en todo y con todos, por no estar a cargo de nada. Los empleados por respeto le prestan atención, y esto suele molestar a los hijos que lo viven como una intromisión generando situaciones enojosas.

Si, por el contrario, el fundador no va a continuar trabajando, salvo que exista una enfermedad o una situación vital limitante, será una persona aún activa sin responsabilidades y, la mayoría de las veces, sin proyectos. La fantasía del retiro idílico, del golf, la casita en el Tigre,[2] de viajar, se cumple durante cierto tiempo; después aparece la necesidad ancestral (y cultural) de sentirse útil, de querer "hacer algo", de "ocuparme de mis cosas" además del ocio.

Al fundador suele costarle mucho reconocer que llegó el momento del pase, él y todos confunden el paso del mando con el retiro y, muchas veces, teme (es una fantasía más común que lo que se reconoce) que, al retirarse, sus herederos lo dejen sin nada. Por eso es fundamental, como veremos más adelante, garantizar al matrimonio fundador el nivel de vida que tienen (y merecen) y asegurar su auto-

---

2. Localidad de las afueras de Buenos Aires conformado por decenas de islas, tradicionalmente mencionado como ejemplo de un lugar de retiro sereno.

nomía económica para que no se vean en la humillante situación de tener que pedir después de haber construido una empresa.

A continuación, hay que preguntarse, en referencia a quien tomó el mando (o lo va a tomar), si tiene la preparación suficiente y si genuinamente se trata de una elección propia o lo vive como una imposición de la familia, de las circunstancias o de su propio interior (nada de esto es un inconveniente para asumir el mando, solo que es mejor saberlo). Si está o no dispuesto al esfuerzo y al sacrificio de asumir la responsabilidad frente a la familia y a la propia empresa.

También es importante que la familia se dé la oportunidad de conversar, discutir y consensuar un marco para las relaciones entre la familia y la empresa, que incluya temas referidos a cómo se resolverán en el futuro cuestiones sobre la continuidad de la EF, las acciones, los activos físicos. Habitualmente dicho marco se plasma en lo que se define como Protocolo de la EF, y lo veremos en el próximo capítulo.

El paso de mando suele ser, en la mayoría de las EF, un buen momento para revisar algunas cuestiones de la gestión propiamente dicha: la planificación de procesos de cambio que apunten a una actualización de su estructura, la profesionalización y todo aquello que las circunstancias del mercado reclaman.

Salvo estos últimos aspectos, todos los demás pertenecen al ámbito de la familia, de cómo resuelven sus temas afectivos y relacionales. Si este proceso de transición es satisfactorio, además de celebrar el éxito, será un excelente aprendizaje para el próximo paso de mando.

Sin embargo, lo auténticamente necesario en la EF es ordenar la familia. Este es el hecho diferencial al que hay que prestar una atención muy especial y prioritaria. De nada sirve organizar y gestionar adecuadamente la empresa si no se ha preparado a la familia, ya que los problemas familiares pueden hacer desaparecer la empresa.[3]

Características habituales de las transiciones desde el lugar del fundador

Para el fundador –dice Harry Levinson–[4] el negocio es una extensión de sí mismo. Su ego se prolonga en la empresa y siente cualquier amenaza como dirigida hacia su persona. Está totalmente identificado con ella y no puede comprender (ni lo desea) que alguien meta las narices en ella, a veces ni los parientes más próximos. Obsérvese que, para el fundador, la empresa es como un hijo, como una amante; es, además, el símbolo de lo que ha alcanzado en la vida, su prestigio como ciudadano y como cabeza de familia, entre otros sentimientos. Por eso, al mismo tiempo que quiere que sus hijos lo hereden, no le hace ninguna gracia que lo reemplacen sin más ni más.

Veamos a continuación diferentes estilos utilizados por los fundadores de una empresa cuando delegan la dirección a sus sucesores:

- El **"monarca"**: no abandona su puesto hasta que es forzado a hacerlo, por muerte o por una rebelión palaciega.
- El **"general"**: es desalojado a la fuerza, pero maquina su regreso. Vuelve inesperadamente para salvar a la compañía, supuestamente venida a menos por la generación siguiente.

---

3. www.laempresafamiliar.com: "La Empresa Familiar y la Aurora Boreal". En *http://www.laempresafamiliar.com/networking/fondo-editorial/476/la-empresa-familiar-y-la-aurora-boreal*

4. Levinson, Harry: "Conflicts that plaque family business". En *Harvard Business Review*, marzo abril 1971 p. 91.

– El **"embajador"**: abandona su puesto elegantemente y desde su "retiro" actúa como consejero o tutor.
– El **"gobernador"**: maneja la empresa por un plazo limitado, se retira y busca otras salidas vocacionales.

Según mi experiencia, y tomando como base este esquema, la situación más conveniente es la del **"embajador"**. Sigue ligado a la empresa, sale, visita a sus clientes y proveedores, representa a la empresa en cámaras y otros foros, discute con pares cuestiones institucionales pero también puede jugar al golf y viajar. Tengamos presente que ninguna regla es aplicable a todas las EF.

¿Qué les pasa a muchos dueños/fundadores que postergan conversar y tratar abiertamente el tema de la transición?

Se sienten desbordados por incertidumbres referidas a:

* **Lo económico**, resistencia y temor a tener que depender económicamente de los hijos y no poder disponer libremente de su patrimonio.
* **La vida misma**, por no tener (o no saber) qué hacer; temor al aburrimiento, a la soledad, a la pérdida de las relaciones sociales.
* **Por desconfianza** en la capacidad de sus hijos, porque considera que los hijos no están aún preparados: los "grandes" todavía ven a los hijos como "chicos" y no los consideran aún aptos para hacerse cargo de la empresa de la familia. Esto es independiente de la preparación, los estudios o la experiencia que verdaderamente los hijos tengan.
* **Por temor a conflictos** entre los hermanos o por no saber cómo hacerlo sin crear problemas entre los hijos. Muchas veces, la ignorancia y la negación de esa ignorancia llevan a insistir en un camino de postergación por no solicitar la ayuda adecuada o compartir los temores.

¿Cuáles son las incertidumbres propias
de las nuevas generaciones?

- **Desconfianza en la propia capacidad,** por la inexpe-
riencia, por no haberse sentido confirmado o por
haber crecido al amparo del paraguas de sus padres,
muchos jóvenes (y no tan jóvenes) temen hacerse
cargo de las riendas del negocio familiar y sienten las
responsabilidades recibidas de sus padres como una
pesada mochila.

- **No sentirse lo suficientemente formado.** Parte de la
desconfianza anterior está referida a los estudios:
muchos creen que la formación teórica no les servirá
para el día a día en la EF, otros dilatan las cosas ano-

tándose en posgrados o cursos que si bien son necesarios no tienen por qué ser incompatibles con la asunción de mayores responsabilidades (cumplen una función de postergación).

- **Sobre la relación entre hermanos**. Muchos hermanos se acostumbraron a contar con la mediación de los padres para manejar sus conflictos; la ausencia de esta contención en el trabajo puede atemorizarlos. Tener que decidir sobre quién de todos está en mejores condiciones para asumir la más alta dirección de la EF se torna, muchas veces, en una misión imposible.
- **Sentimientos ambivalentes** de temor y comprensión al tener que enfrentar la decadencia y el deterioro de los padres. A muchos hijos les cuesta muchísimo aceptar que ambos padres o alguno de ellos no esté en condiciones de seguir al frente de la EF. La inversión de las relaciones no es un tema fácil, significa pasar en un período breve de depender de los padres a que estos dependan de los hijos.

La transición de la dirección no se tratará de una manera diferente de como se han tratado todos los asuntos en el desarrollo de la familia. Si la costumbre era la de conversar abiertamente, con franqueza y confianza los temas que iban surgiendo en las diferentes etapas de la vida familiar, con respeto y adecuación a la edad cronológica de los hijos, así se tratará el tema de la transición. Existen discusiones y desacuerdos pero pueden tratarse en un clima adecuado.

Si la costumbre era evitar hablar de los problemas, separar los temas "de grandes y de chicos" aun cuando los hijos eran adolescentes o adultos, si existen varios asuntos respecto de los que "no se habla", así se tratará (o mejor dicho no se tratará) el tema de la transición.

Temas a tener en cuenta para una buena transición

- Cuanto más temprano se haga, mejores serán los resultados.
- Se debe entender que es un asunto asociado a la vida de la familia y de la empresa.
- Es importante tener en cuenta el interés de los hijos. ¿Están interesados en continuar con el negocio? ¿Quieren hacerlo? ¿A alguno le interesa más que a otro?
- El solo hecho de ser hijos del dueño/ fundador, no quiere decir que cuenten con la preparación necesaria para asumir la dirección de una empresa. Comenzar el proceso con tiempo les permite prepararse para cuando llegue ese momento. Algunos recomiendan que los hijos comiencen a trabajar en empresas ajenas donde no tengan los beneficios de la EF. Eso los foguea en las lides del trabajo.
- Es recomendable que la designación de quien asumirá la dirección sea por consenso de toda la familia, tanto de los que trabajan en la empresa como de quienes no lo hacen.
- Una vez que haya sido designado quien asumirá la dirección, es conveniente que los primeros tiempos sea una tarea compartida entre hijo y padre, desarrollando un proceso paulatino de asunción de responsabilidades por parte del nuevo y de delegación por parte del que deja la posta. Lo más beneficioso es lograr un buen acople entre ambos y entre los hermanos, si los hubiera, tanto con respecto al trabajo como a la convivencia familiar.
- Es aconsejable también abrir la discusión sobre la incorporación de un gerenciador ajeno a la familia, por lo menos que se trate y se fundamente por qué sí y por qué no. Se aclaran muchas cosas en esta conver-

sación. Si se decide por un miembro de la familia su posición queda muy fortalecida.

- Se puede apostar al futuro, designar a un miembro de la familia para que asuma dentro de un determinado tiempo y planificar su preparación para ese momento.
- Obviamente, cualquiera sea la definición a la que se llegue, esta debe tomar en cuenta las necesidades de la empresa y de la familia.
- Ninguna de estas recomendaciones garantiza el éxito de la transición.

Procedimientos para la elección del nuevo director[5]

Las posibilidades son: 1) crear una norma fija, como por ejemplo "el hijo mayor será presidente"; 2) seleccionar al mejor candidato del grupo, o 3) recurrir a un director provisional que no pertenezca a la familia. Examinemos las ventajas y desventajas de cada una de estas alternativas.

Creación de una norma fija. Tradicionalmente, las familias dispuestas a elegir un sucesor toman esta decisión según alguna norma transmitida de generaciones anteriores, como, por ejemplo, "el hijo mayor" o "el primer hijo varón" o "el que esté más capacitado" será el presidente sucesor.

Las normas claras son una ventaja porque impiden demoras e indecisión. También permiten un proceso de adaptación familiar al nuevo líder. Sin embargo, si se las aplica automáticamente, pueden dar como resultado la imposibilidad de seleccionar al "mejor" candidato. Si las normas son arbitrarias pueden originar conflictos.

Elección del "mejor" candidato. Los mismos miembros de la nueva generación eligen a su líder permitiendo que

---

5. Ward, John: *Cómo desarrollar la empresa familiar.* Editorial El Ateneo, Buenos Aires, 1994.

sobresalga naturalmente durante varias experiencias grupales. Estas experiencias pueden llevarse a cabo en actividades fuera de la EF: por ejemplo, la iniciación de un negocio nuevo. El aval final puede darlo el propietario de la EF o un cuerpo de directores que evalúe el trabajo conjunto del grupo de candidatos. Otra opción es que sean los accionistas de la familia quienes establezcan la forma de elección. Este enfoque es particularmente conveniente en familias grandes.

La ventaja de esta aproximación reside en que la familia siente que ha elegido a la persona mejor capacitada para la función sin haberle quitado la oportunidad a ningún miembro de la familia. El tiempo ha revelado al candidato mejor calificado para proseguir la estrategia empresarial. Sin embargo, también puede producirse una competencia perjudicial entre hermanos y los miembros de la familia pueden quedar atascados en las dificultades de la decisión.

Selección de un director provisional. Para algunas EF, la selección de un sucesor que *no* sea miembro de la familia es una opción temporaria pero excelente. Esto funciona especialmente bien cuando los hijos son muy jóvenes para asumir cargos de presidencia. El director que no pertenece a la familia cubre una etapa intermedia entre generaciones muy apartadas en años.

La "transición intergeneracional" da tiempo para que los miembros de la familia maduren.

Más allá del procedimiento

Decía al comienzo de este capítulo que la EF se desarrolla de manera constante del mismo modo en que evoluciona la familia: entran y salen personajes, la familia cambia pero sigue siendo la misma, por eso considero el proceso de transición como una descripción operativa. Decía también que es un ingrediente más de la transición del vínculo afectivo que se haya creado entre padres/empresa/hijos.

Veámoslo de esta manera. Es muy importante que esté claro para los hijos que serán bienvenidos a la EF. Esto puede hacerse con suavidad, sin que signifique una imposición. En esto, las ideas más importantes son: 1) el hijo es bienvenido, 2) su participación en el negocio es voluntaria, y 3) sea cual sea, su elección será apoyada.

Los hijos tienen que sentir que son libres de entrar o no en la EF, de tomar la decisión sin sentirse obligados. Sin esta libertad, quienes decidan participar posiblemente no lo hagan desarrollando todas sus potencialidades. Carecerán de la motivación y el entusiasmo necesarios para llevar adelante los negocios con éxito, cuando la empresa debería ser un lugar especial y motivante. Los padres que desean que sus hijos se unan a la EF tienen que enseñar a "quererla", necesitan compartir el amor que sienten por su trabajo. Esto se consigue, en parte, compartiendo y expresando en casa no solo las preocupaciones y "angustias" sino también las alegrías, los logros y las satisfacciones que se obtienen por llevar adelante la EF.

Los más jóvenes pueden ir incorporándose de a poco en algunas tareas. Este tipo de incentivos hará que la carrera empresarial les resulte más atractiva.

El ingreso de las nuevas generaciones debe hacerse en forma ordenada y planificada, y para conseguirlo es muy importante que se establezcan las condiciones para esa incorporación. Estas pueden ser exigentes en cuanto a la formación académica; por ejemplo, que, para entrar en la empresa, un hijo deba tener un título universitario en temas empresariales o requerirle que obtenga primero un trabajo fuera de la EF. O pueden ser menos exigentes como, por ejemplo, permitir que los hijos se incorporen cualquiera sea su preparación. Ambas opciones son válidas.

Lo central es que sean equitativas (iguales para todos los hijos) y claras y permanezcan a través del tiempo. Todo cambio debe ser informado a todos y fundamentado.

Ahora bien, no tener en cuenta estas cuestiones augura un fracaso en la transición de la dirección aunque tenerlas en cuenta no garantiza el éxito. Quizás la única garantía sea ser perseverante, tener en cuenta que, como en todo proceso vital, los momentos de progreso incluyen algunos momentos de retroceso, y no asustarse por ello.

CAPÍTULO 6

SALUD Y CONTINUIDAD DE LA EMPRESA FAMILIAR

¿Es obligatorio que una EF sobreviva varias generaciones?

Según los datos que proveen los libros sobre EF, la mayoría no sobrevive a la primera generación, y es cierto. En diferentes países, este fenómeno se expresa con distintas palabras[1].

En Estados Unidos: "Shirtsleeves to shirtsleeves in trhee generations" (De descamisados a descamisados en tres generaciones).

En México: "Padre comerciante; hijo playboy; nieto mendigo".

En China: "De ojotas a ojotas en tres generaciones" o "La fortuna nunca sobrevive a tres generaciones".

En Alemania: "Erwerben-vererben-verdeben" (La primera generación lo crea, la segunda lo hereda y la tercera lo destruye).

---

1. Martínez Echezárraga, J.: "Desafíos y oportunidades para la Empresa Familiar". V Encuentro de la Pequeña y Mediana Empresa. Santiago de Chile, 1 de septiembre de 2004.

En Italia: "De los establos a las estrellas y de vuelta a los establos en tres generaciones".

En la Argentina: "¿Cómo una persona joven y sin preparación puede hacer una pequeña fortuna? Fácil… dejar que herede una gran fortuna y la maneje".

Teniendo en cuenta estos datos, es bueno hacerse ciertas preguntas. ¿Es obligatorio que las EF "deban" subsistir más allá de los deseos de los fundadores? ¿Acaso en la vida todo resulta como se lo ha soñado en la juventud? ¿Se cumplieron tal cual nuestros deseos y anhelos? En particular nuestros hijos, ¿hicieron o hacen lo que nos hubiera gustado que hicieran? ¿Por qué las nuevas generaciones tienen la obligación de cumplir un programa diseñado por generaciones anteriores?

Quizás lo importante sea que el transcurrir de la vida y de las EF se desarrolle sin provocar fracturas en la familia, sin pérdidas de capital, sin heridos ni sobrevivientes.

¿La extinción es el destino ineludible de las EF? ¿Está en su genética? Parece, ¿no? Pero no es así. No es una ley universal y obligatoria. Si bien sucede en "la mayoría" de los casos, existe una minoría que no desaparece con la generación de sus fundadores. ¿Cómo lo hicieron?

Por mi experiencia como consultor, por la experiencia de mis colegas, por lo que dicen autores de otras obras puedo decir que la supervivencia de una EF depende de las relaciones entre los miembros de la familia (que en gran parte es lo que estuvimos viendo hasta ahora), de cómo organice su funcionamiento, de la profesionalización de sus cuadros directivos, de cuál sea la idea que tengan los miembros de la familia con respecto a qué es y qué representa el patrimonio de la familia y de otros factores ajenos e independientes de la EF.

Cómo se organiza el funcionamiento de la EF

¿A qué me refiero cuándo hablo de organización del funcionamiento?

Me refiero a dos procesos en dos niveles que pueden o no ser simultáneos. Uno es la distribución de las funciones y de las tareas (temas muy vinculados a la profesionalización que veremos un poco más adelante) entre los miembros de la familia. Quiénes las realizarán y de qué serán responsables. La EF es más funcional cuando existe compatibilidad entre las aptitudes, la vocación y el deseo de las personas con las necesidades de la empresa.

El otro proceso es la formación de instancias que habitualmente se llaman órganos de gobierno. A medida que se van agregando nuevos actores al funcionamiento de la EF, esta va aumentando su complejidad. Para que la complejidad juegue a favor del desarrollo, es conveniente que el grupo familiar se organice y se constituya como un equipo de trabajo con sus reglas y procedimientos.

La profesionalización

¿A qué llamo profesionalización?

En general, cuando se habla de profesionalización respecto de las EF nos referimos a la contratación de profesionales extrafamiliares para que participen en las actividades de la gestión. Pero también puede referir a la formación y la preparación de los miembros de la familia cuando ya no alcanza con la vocación y el entusiasmo. Hoy la competencia ha crecido, y mantenerse en el mercado además de la pasión necesita del conocimiento.

Cómo se visualiza y se planifica la administración del patrimonio de la familia y de la EF

Uno de los fundamentos y objetivos de la EF es sostener e incrementar el patrimonio de la familia. En este punto suele haber confusiones porque generalmente se cree que cuando hablamos de patrimonio solo nos referimos al dinero. Por eso, al momento de tomar decisiones, se tiene en cuenta solamente el parámetro del dinero para considerar ganancias o pérdidas. Esta confusión suele ser una de las trabas más importantes para la supervivencia de la EF.

Los factores independientes de la EF

Son los que no dependen de las decisiones que toma la familia respecto de la empresa, aun cuando puedan ser episodios internos o externos.

1. La organización de las EF

Como hemos visto en capítulos anteriores, la familia es una institución muy compleja. A esto, se le suma el hecho de que una empresa también es una institución muy compleja, con lo cual las EF son de una complejidad incluso mucho más alta.

Vale la pena recordar que el concepto de complejidad en las relaciones no depende de la cantidad de personas sino de la cantidad de vínculos que se establezcan y de las funciones que cada una cumpla. Para ser más gráficos, podemos pensar en un rompecabezas de 5.000 piezas. Este es un sistema simple ya que, si bien tiene muchas partes, cada una tiene una sola y única posición e interactúa con no más de cuatro otras partes del sistema. Por otro lado, en un sistema como el ajedrez, donde hay solo 32 piezas pero cada una de ellas tiene amplias posibilidades de movimientos que, a medida que se avanza en la partida, pueden incrementar o disminuir. Obviamente, a pesar de la diferencia en la cantidad piezas, el ajedrez es un sistema mucho más complejo que un rompecabezas.

En una pareja conyugal, pasa algo similar: hay solo dos miembros pero la relación entre ellos puede tener una infinitud de características que la vuelven intensamente compleja. A medida que la familia crece, también crece su complejidad ya que se multiplican los vínculos. Lo mismo sucede dentro de la empresa cuando nuevos miembros de la familia se van incorporando. Uno de los síntomas de este crecimiento es, por un lado, la demora en la toma de decisiones y, por el otro, el aumento de las fricciones.

La forma como se organiza una EF depende de dos variables: el tamaño de la empresa y el número de personas que integran el grupo familiar. Estas variables pueden combinarse de diferentes maneras, lo que da lugar a distintos tipos de organización. Veamos.[2]

Empresa chica / familia grande

Es el caso de una familia numerosa, de varios hermanos, con una empresa pequeña que les alcanzó a los padres para vivir bien y criar a todos esos hijos pero que no es suficiente para una familia numerosa.

En este caso, los padres deben, desde muy temprano, transmitirles a sus hijos que deberán ganarse la vida fuera de la empresa. Sin embargo, si el perfil profesional de alguno de los hijos coincidiera, en algún momento, con lo que la empresa necesita, ese integrante de la familia podría trabajar en ella siempre y cuando además de ser un profesional de sólida formación mantuviera el cariño de sus otros hermanos por la empresa.

Empresa grande / familia chica

El caso inverso es el de una familia pequeña, padres con un hijo único por ejemplo, con una empresa grande.

---

2. Algunos de estos puntos fueron tomados de G. Perkins, citado en *La empresa a través de las generaciones*. AACREA. 2004. *La Nación*, Sec. 5 Campo, Bs. As., 17.04.04:14.

En estos casos, la familia necesita buscar profesionales "ajenos" a su círculo familiar para que trabajen en la EF. Para que esta clase de EF sobreviva, sus dueños deben ser capaces de dirigir a este tipo de profesionales (quienes, en algunas oportunidades, pueden estar más capacitados que los mismos propietarios). Esto implica, en gran medida, saber dirigir con respeto y aprender a escuchar y a preguntar.

Empresa grande / familia grande

Una empresa grande trae el beneficio, para una familia grande, de que puede haber trabajo para todos pero, al mismo tiempo, esto también aumenta la cantidad de posibles problemas. Cuanto más grandes sean la familia y la empresa, más complejas serán las relaciones, y más necesaria la presencia de un Consejo de Familia con reglas y normas de funcionamiento claras. Desde los últimos años, estas suelen plasmarse en un noble instrumento que llamamos *Protocolo de la familia empresaria* del cual voy a hablar en detalle un poco más adelante.

Empresa chica / familia chica

Esta situación se presenta, por lo general, en empresas nuevas o reestructuradas que se encuentran en un proceso inicial de evolución. En este caso, se hace necesario cuidar y promover la mejora de las capacidades de los miembros que componen la empresa ya que, con seguridad, van a tener que ocuparse de varios asuntos simultáneamente.

Muchas de estas situaciones, sobre todo las que incluyen familia grande, ameritan la constitución de instituciones que faciliten la gestión: los órganos de gobierno.

¿Qué son los órganos de gobierno?

Son diferentes instancias cuya constitución depende básicamente de la cantidad de familiares que trabajen en la empresa y del momento evolutivo en que se encuentra la EF. Es una nueva distribución de tareas, ya no en el ámbito de la gestión del día a día sino en el de las grandes decisiones. Estos órganos funcionan en relación con la empresa y con la familia, son una instancia necesaria para cuando llega el momento en que ya no pueden "estar todos en todas las cosas". Entonces, en ciertas cuestiones, algunos miembros de la familia deben estar representados por otros.

También, lo característico de las EF y que les agrega complejidad es que los accionistas, los más altos directivos, los gerentes, los gestores del día a día suelen ser las mismas personas que además suelen verse después en sus casas o en los fines de semana, en los cumpleaños, en las fiestas de fin de año, etcétera.

El Consejo de Familia (CF)

En el mundo de los negocios, es aceptado que existan instancias de decisión (y de discusión) en los niveles más altos de una empresa y que se establezcan pautas de funcionamiento para dichas instancias. Además existen diversos códigos de buenas prácticas al respecto e incluso leyes que regulan el gobierno corporativo en distintos países.

Sin embargo, en el ámbito de las EF esto no es tan claro. Si bien hay una difusión creciente sobre la importancia de contar con estas instancias de discusión y decisión, todavía resulta difícil llevarlo a la práctica. Es habitual que los emprendedores fundadores tengan reparos en compartir las decisiones, incluso hasta en aspectos insignificantes. Estoy acostumbrado a escuchar frases como: "Aquí todos deben cumplir con lo que se resuelve menos yo (nosotros)" o de un familiar directo: "se pone a discutir hasta el lugar donde tiene que ir un escritorio". Esto puede funcionar durante un tiempo, pero no ayuda a la subsistencia de la empresa.

Para poder llevar adelante procesos de discusión así como de toma de decisiones ordenados y eficaces, y establecer bases sólidas para el futuro, es recomendable la formación de órganos que sirvan como espacios de debate de las distintas cuestiones que, desde la familia, pueden llegar a influir en la marcha de la empresa.

La constitución de estos órganos depende mucho del número de miembros que constituyan la familia. No es lo mismo familias de tres o cuatro personas que otras con diez, doce o veinte miembros. Cuando la familia tiene un número de miembros que requiere un sistema formal de gobierno con sus correspondientes órganos, suele recurrirse al Consejo de Familia (CF); cuando la EF lleva varias generaciones y sus miembros son muchos hablamos de Asamblea de Familia.[3] Es aconsejable su formación aun antes de que el número de miembros familiares sea tan elevado que lo convierta en imprescindible.

La base del CF es algo tan simple como una reunión familiar y puede ser muy provechoso para una empresa. Básicamente, se trata de una reunión periódica, de frecuencia a determinar en cada caso (por lo menos, una vez al año) de todos los miembros de la familia, trabajen o no en la empresa, para conversar sobre cómo van las cosas, en qué se ha avanzado, qué debe corregirse, revisar responsa-

---

3. Un caso es el de una empresa muy antigua, de origen europeo, que hoy está en el rubro hipermercados. La familia propietaria está formada por más de cuatrocientos miembros, por lo cual se han dado una organización muy similar a la de un parlamento: una mesa ejecutiva de pocos miembros, sobre quienes recae la aplicación de las políticas (el día a día del negocio); un consejo asesor con representantes de cada una de las ramas de la familia y profesionales externos, y la asamblea que se reúne cada tanto en la cual se discute y planifica la estrategia y las grandes políticas.

bles de áreas y definir las cuestiones importantes que trascienden la gestión cotidiana.

Su propósito es establecer un espacio en el que los parientes puedan expresar sus necesidades y expectativas respecto de la empresa, y establecer políticas para preservar a largo plazo los intereses de la familia. De esta manera, se están normalizando las vías de participación de la familia en la empresa, además de constituir un modelo que facilite el funcionamiento posterior con el objetivo de su subsistencia. En la misma dirección, otro efecto del CF es que fortalece el sentimiento de pertenencia.

¿Quiénes forman parte del CF?

Para que cumpla su función, es necesario que al CF acudan todos los miembros de la familia: los que trabajan en la empresa y los que no, los accionistas, los futuros accionistas, los familiares políticos, etcétera. El único límite sería la edad mínima que se estipule (habitualmente lo recomendable es que participen a partir de los 15 años).

En cuanto a la participación de los miembros de la familia que no trabajan en la empresa, suele haber bastantes reparos, sobre todo respecto de las mujeres (esposas, hijas, hermanas, cuñadas, sobrinas) y de la familia política (cuñadas/os, nueras, yernos). Si bien en los últimos tiempos han surgido situaciones complejas por el alto índice de divorcios y segundos y hasta terceros casamientos con los tuyos, los míos y los nuestros, no llevar adelante este proceso es mucho más complicado que hacerlo. El costo en dinero, tiempo, energía y salud es, lejos, mucho más alto que hacer el esfuerzo de armar el CF y consensuar pautas de su funcionamiento (Protocolo).

Es un error pensar que únicamente influyen en la empresa los miembros de la familia que trabajan en ella y dejar de lado a los que solo son propietarios, o futuros propietarios, o tengan un interés político, etcétera. Recuerdo el caso de un hijo que, en una discusión con sus padres sobre un tema de la empresa, les dijo: "Ah, entonces tiene razón XX", mencionando el nombre de su esposa. Ella jamás había pisado la empresa más que por pocos minutos y los padres poco menos que se sintieron traicionados y hasta extrañados de que su nuera expresara opiniones sobre los asuntos de la empresa.

Diferentes autores plantean la constitución del CF básicamente con dos perspectivas: la primera aboga porque en las reuniones participen solo los adultos y familia de sangre (orientada a cuidar la confidencialidad), y la segunda, porque participen todos, incluidos los adolescentes y cónyuges (después de todo, estas personas son afectadas directamente por lo que sucede en la empresa y es bueno que conozcan, de primera mano, lo que se discute). También es interesante escuchar lo que puedan aportar.

De todos modos, debemos estar muy atentos a la singularidad de cada familia.

Un caso particular es el de las esposas/madres que no trabajan en la empresa, porque su influencia se "huele en el aire", más cuando hay situaciones conflictivas padre/hijo/a. Para traerlas a la conversación basta con preguntar: "¿qué opina tu mamá de esta cuestión?", "¿qué le dice su esposa?".

Generalmente, a partir de las respuestas, se confirma la hipótesis de su gran influencia que, si bien no podría ser de otra manera, la intervención del consultor, al hacer esas preguntas, la legitima y la pone sobre la mesa.

Como vimos en los capítulos anteriores, el desarrollo de una EF se da a través de un proceso que se extiende en el tiempo. Todo empieza con un emprendedor que quiere desarrollar un proyecto independiente y la familia acompaña; luego se integra. Como las nuevas generaciones han vivido poco ese proceso (ni hablar de la tercera generación y, mucho menos, la familia política) es importante compartir y transmitir cómo se fue gestando la EF, cuál fue y es el papel de la familia, por un lado, y de la empresa, por el otro: son espacios diferentes, con fines y necesidades dispares que claramente interactúan en forma indisoluble.

Esa es la función del CF: es el lugar donde se pueden expresar los puntos de vista de cada uno sobre la empresa, para contestar las preguntas y escuchar las dudas y aportes de las nuevas generaciones, para tratar temas que se encuentren en ese punto de intersección, como la transición de la dirección, la formación de las nuevas generaciones, los sistemas de solidaridad familiar, la incursión de familiares en la empresa.

¿Cómo se hacen estas reuniones?

En primer lugar, es útil establecer una periodicidad: al menos una vez por año ya que no son útiles cuando se pretende hacerlas cotidianas porque se desvalorizan y pierden su esencia, ni tampoco distanciadas en el tiempo cuando las circunstancias entre una y otra pudieran haber variado sustancialmente.

Además, es importante establecer un lugar que sea confortable: todos los presentes deben sentirse cómodos, incluso los menores. Si la empresa no cuenta con un sitio apropiado es recomendable realizar estas reuniones en un lugar que no sea la vivienda de ninguno de los miembros de la familia: de esta forma evitamos las responsabilidades de anfitriones y huéspedes y la tentación de caer en una reunión social.

En el caso de haber varias ramas de la familia es recomendable que alguien, con preferencia el familiar de más edad, contacte con un representante de cada una de ellas, convoque y ratifique la importancia de la presencia de todos.

Una vez establecidas estas pautas, debemos garantizar que mantenga su sentido propio y no se diluya en peroratas, largos discursos o largas discusiones. Para eso, es importante consensuar, con anticipación, un orden del día con los temas que serán tratados y que servirá como guía para el desarrollo de la reunión.

Para ciertas familias, es recomendable la participación de un coordinador externo, una persona de confianza de toda la familia, con las funciones de llevar ordenadamente el tratamiento de los puntos determinados, facilitar la participación de todos, aun la de aquellos más callados o apocados. Es importante que, en estas reuniones, todos y cada uno escuchen la voz de los otros y la suya propia, que se promuevan consensos y acuerdos.

A modo de ejemplo, veamos un modelo de agenda para una reunión del CF de una hipotética EF:

Reunión del 15 de marzo. 15:30 hs. Salón Libertador.
Hotel Tres Banderas (se ruega puntualidad).

– Designar el coordinador.
– Nombrar el responsable para el acta.
– Revisar lo conversado en la reunión anterior.
– Si se plantearon tareas a realizar, permitir que los responsables expresen lo actuado.
– Dar la bienvenida a Gabriel a su primera reunión. El abuelo le contará qué se espera de él. Gabriel expresará sus expectativas.

– Felicitar a Josefina por haber terminado la Licenciatura en Administración de Empresas.
– Alberto solicitó revisar la política de remuneraciones.
– Tratar la solicitud de ayuda del comedor de la escuela cercana a la planta.
– Presentación de informe de resultados de las distintas áreas.
– Planes para el próximo año.
– Escuchar la propuesta de Ricardo y Sebastián sobre la posibilidad de abrir una nueva unidad de negocio.

Funciones del CF

El CF cumple no solo funciones deliberativas de los grandes temas, también es el ámbito donde se incorporan las nuevas generaciones, donde se enseña a amar a la EF porque se habla de su historia, se transmite su cultura y el espíritu emprendedor, y cumple también una importante función formativa, tanto de las nuevas como de las primeras generaciones, con la premisa: "nadie sabe tanto como para no poder aprender algo de otro".

Cuando la familia se prepara y conversa sobre los puntos descritos más arriba, está cumpliendo las funciones de educar y preparar para el futuro a las nuevas generaciones, está definiendo políticas y está conciliando opiniones discordantes.

Podríamos resumir sus funciones con el siguiente esquema:

	Educar	Formar a los miembros de la familia en asuntos de dirección, de administración de la EF, como accionistas responsables y guardianes del patrimonio familiar.
Consejo	Conciliar	Buscar la unidad y la armonía en la familia, prevenir conflictos, sostener valores.
	Definir políticas (estrategias y objetivos)	Normas y reglas que reflejen los acuerdos internos con respecto a temas fundamentales relacionados con la empresa, la propiedad y la familia.

163

Consejo de Administración (CA)

Algunos autores proponen también la creación de un CA. Este órgano suele estar formado por profesionales independientes que, de una manera u otra, están vinculados a la empresa: contadores, abogados, asesores comerciales, consultores especialistas en EF. Suelen existir en las grandes empresas o en las que cuenten con un número importante de familiares o en las que ya es la tercera generación la que está a cargo.

Las funciones del CA no son las de tomar decisiones, privativas de la familia, sino las de aconsejar líneas de acción, sugerir caminos para que las nuevas generaciones obtengan una formación con un alto grado de profesionalidad, competencia y responsabilidad. De acuerdo con las necesidades específicas de la empresa, los consejeros actúan como proveedores de información, promueven discusiones abiertas, ayudan a los familiares a llegar a una visión adecuada de la relación existente entre la familia y la empresa, promueven el establecimiento de un protocolo familiar, colaboran con el CA y asisten a los líderes familiares en el diseño del programa de formación de los candidatos a asumir la dirección de la empresa, así como a sugerir el procedimiento más adecuado para elegir al candidato.

2. La profesionalización

Es frecuente que se dé por sentado que si una persona formó una EF está capacitada para dirigirla. Posiblemente, en algunos aspectos, sea así ya que la mayoría de las EF surgieron del espíritu emprendedor de un profesional, de un artesano, de un técnico; de alguien que sabía hacer algo o tenía ideas de cómo había que hacerlo y le destinó muchas horas de trabajo y mucho sacrificio. Sin embargo, el conocimiento del "oficio" no significa automáticamente que se sepa dirigir, en el sentido de liderar un grupo de personas, administrar, planificar, establecer políticas y diseñar estrategias.

Para el mundo de los negocios del siglo XXI, ya no alcanza con el ímpetu y el espíritu emprendedor del fundador, la motivación, el entusiasmo, "el oficio" y la experiencia, sobre todo si la idea es incorporar nuevas generaciones que no participaron de ese proceso inicial. Este nuevo siglo no permite el lujo de dirigir una empresa sin formación profesional.

Cuando una empresa crece, lo habitual es, en primer lugar, que se tenga en cuenta a los integrantes de la familia para que trabajen en ella, sin considerar la posibilidad de traer personas ajenas pero con experiencia. Se suele incorporar a los hijos de los dueños y otros parientes sin reparar en sus competencias y habilidades, ni en las necesidades del negocio, y a veces sin que ellos siquiera hayan mostrado interés en formar parte de la empresa. Recuerdo el caso de un hombre que me contaba cómo habían sido sus comienzos en la EF: cuando terminó la escuela secundaria el padre lo llevó a la empresa, entraron juntos, le presentó a algunas personas y le dijo: "Ahora arreglate, hacé lo que puedas".

La preparación de los miembros de la familia es clave para mejorar las posibilidades de sobrevida y el traspaso a la próxima generación.

En otros casos, las empresas en expansión se dan cuenta de que no basta con los miembros de la familia para cubrir los puestos directivos. El aumento de complejidad en lo organizativo y administrativo, y el avance tecnológico continuo hacen que la especialización sea una demanda creciente y exige la contratación de gente experta en alguna área determinada. Cuando los puestos no pueden ser cubiertos por familiares, la empresa se ve obligada a importar capital humano. Las empresas de éxito incorporan personas que acrediten formación y experiencia, los tratan profesionalmente, les pagan bien y les ofrecen incentivos para retenerlos. A pesar de todo, esto último no es un tema sencillo: la mayoría de las EF son pymes y las posibilidades de hacer carrera tiene ciertas limitaciones por la participación de los miembros de la familia en los puestos directivos. En las grandes empresas, en cambio, es común que la gestión no esté en manos de la familia empresaria por lo que es mayor la posibilidad de hacer carrera y acceder a cargos directivos para el "personal externo".

Así, tenemos dos niveles de profesionalización en una EF: un primer nivel es la formación y preparación de los miembros de la familia, la capacitación para ocupar puestos directivos, y un segundo nivel es la contratación de profesionales para puestos directivos.

Un tema importante, en este proceso de profesionalización, es que muchas veces los propietarios (más si son los fundadores o si llevan muchos años al frente de la gestión) no saben muy bien cómo llevar adelante el vínculo con un profesional contratado. Es más fácil describir sus tareas que determinar su autonomía. En mi experiencia, con frecuencia es un tema poco claro, básicamente porque lo que no suele quedar bien definido es la función que le queda al propietario.

La incorporación de directivos de primer nivel en la EF choca, en muchas ocasiones, con el principio de autoridad del empresario-propietario familiar, así como con la tradición de la propia empresa y con sus diversos estamentos acostumbrados a un modo diferente. La incorporación de "extraños" constituye siempre un cambio.

Es difícil indicar recetas para enfrentarlo ya que como venimos diciendo no hay ninguna EF igual a otra, por eso, cada caso requiere una indicación especial

Lo que sí sabemos es que la profesionalización es consecuencia de, y al mismo tiempo produce, una mayor complejidad, lo que refuerza la idea que analizamos en este capítulo con respecto a la existencia de algún órgano de gobierno para la familia empresaria, independiente de la gestión, que puede o no estar en manos de familiares.

Los órganos de gobierno corresponden a la familia (aunque puedan contar con algún asesor externo) y la gestión a profesionales, sean o no de la familia. Si pertenecen a ella, mejor; si no, hay que ir a buscarlos afuera.[4] Estas personas, aparte de su formación y valores personales, deben saber adecuar su protagonismo a las decisiones de la familia propietaria de la empresa.

En este punto, es conveniente analizar un concepto que se presenta en los últimos tiempos, quizás por demás, en el ámbito de las EF al momento de asignar tareas: es el concepto de "ganas". Las ganas se han convertido en un argumento para la toma de decisiones en muchas EF y no es una buena razón ni un buen modo de distribuir tareas. La tarea debe ser asignada a quien esté mejor preparado para hacerla, quien muestre mejor aptitud, y si ningún miembro de la familia reúne estas condiciones lo aconsejable es que se contrate a un profesional externo. En las palabras de un fundador citado en el atrículo de Eduardo Navarro:[5] "Es difícil encontrar un buen gerente; que además sea de mi familia es casi imposible".

En el caso de incorporar a "un extraño" en una función tan importante para la gestión de la EF, es indispensable que sienta que tiene "el voto de confianza" de la familia, lo mismo si se promociona "un extraño de adentro"; esto es fundamental para el éxito en sus nuevas labores. Muchas veces, expertos profesionales contratados por una EF verifican que

---

4. Como consultor, quiero destacar que no cualquier profesional es apto para poder trabajar con eficacia en una EF. Este libro apunta a que los profesionales que se incorporen a una de ellas conozcan un poco más de su funcionamiento.

5. Navarro, Eduardo: "Conociendo las particularidades de la empresa familiar". En gestiopolis.com

las promesas de autonomía y confianza al momento de su incorporación no se cumplen después en la práctica del día a día por parte de los empresarios-propietarios.

Volviendo al tema puntual de la profesionalización, cuando hablo de formación no solo me refiero a lo académico. La formación universitaria suele ser esencialmente teórica, y la parte práctica suele desarrollarse habitualmente a través de simulaciones en una especie de laboratorio que, si bien permite conocer herramientas, lejos está de la vida real del funcionamiento de una empresa. Por este motivo, es recomendable proveer a los jóvenes de experiencia práctica en el campo del negocio propiamente dicho. Algunos autores sostienen que las primeras prácticas se hagan en empresas que no sean la propia EF ya que sostienen que lidiar con extraños y enfrentar las vicisitudes del trabajo sin la carga ni el beneficio del apellido es una buena experiencia. Por otra parte, en una EF, también deberán aprender a tratar con extraños: clientes, proveedores y los propios empleados.

En síntesis

Profesionalizar a *las personas* implica que los miembros de la familia se preparen para realizar las tareas que les correspondan; la portación de apellido no es suficiente formación. Sea que trabajen en la empresa o sean solo accionistas, deben conocer los asuntos de las distintas áreas de la EF. Del mismo modo, aunque la distribución de funciones y tareas requiera una especialización, también es positivo que todos tengan algún tipo de conocimiento sobre todas las áreas. Cuando se tiene un trabajo estable y seguro, uno de los riesgos es pensar que no se necesita hacer nada más pues trabajamos en una compañía sólida, de la familia, y nuestro puesto de trabajo no peligra. Ese pensamiento a la larga puede volverse en contra como un bumerán.

Profesionalizar a *la familia* implica educarla en su responsabilidad como dueña de la empresa para lo cual se hace imprescindible la confección de acuerdos familiares y normas de convivencia entre la empresa y la familia. Para ese fin, trabajar sobre la comunicación constituye una herramienta imprescindible.

Profesionalizar a *la empresa* implica que quienes se hacen cargo de la gestión sean competentes y cuenten con una excelente formación, sean de la familia o no.

Profesionalizar a *los profesionales* implica que aquellos que trabajen con EF (contadores, abogados, consultores en comercialización, consultores de calidad, etcétera) conozcan y comprendan cómo es el funcionamiento de una EF.

Finalmente, después de todo lo dicho, es importante recordar que si bien la profesionalización en la EF es imprescindible, no es garantía suficiente para su supervivencia.

3. Cómo se visualiza y se planifica la administración del patrimonio de la familia y de la EF

Sobre el patrimonio

Si todo va bien y la EF ha crecido y se ha desarrollado, llega un momento en que ya no se trata solo de luchar por la supervivencia y la creación de un cierto capital, sino además de preservarlo para poder traspasarlo de generación en generación a modo de legado. Si toda la familia es consciente de que debe velar por la preservación de dicho capital, este no solo perdurará sino que crecerá de generación en generación. El proceso de creación y mantenimiento del patrimonio es una labor constante, continua y sin fin.

¿De qué hablamos cuando decimos "capital"?

No solo del capital económico-financiero sino de capital en sentido amplio, tal como lo define el diccionario:[6] "Valor

---

6. Diccionario de la Real Academia Española, voz "Capital", ítem 6.

de lo que, de manera periódica o accidental, rinde u ocasiona rentas, intereses o frutos".

De esta definición vale la pena destacar dos aspectos:

1. Que rentas, intereses o frutos no solo significan dinero.
2. Que la familia empresaria debe aspirar a que su rendimiento sea periódico y no accidental, y a que sea perpetuo.

Tendemos a medir el patrimonio solamente desde la perspectiva financiera, olvidando que la riqueza de una familia está integrada tanto por sus activos económico-financieros como por sus activos humanos e intelectuales.

Cuando[7] nos centramos solamente en incrementar el capital económico que poseemos, nuestra función no es diferente de la de cualquier financiero que trata de hacer crecer las inversiones de sus clientes, sacando –claro está– el más alto rendimiento. Sin embargo, cuando tratamos con nuestra familia, las cosas no se reducen a dinero, tasas de interés o rendimientos netos, tampoco a propiedades, naves industriales, negocios u objetos de valor. Hay mucho más: existen tradiciones, valores y maneras de actuar que nos han inculcado desde pequeños, sentimientos, emociones y formas de pensar que guían y afectan nuestras acciones. Todas estas cuestiones tienen una gran influencia en la forma de gestionar la riqueza familiar.

El capital humano de una familia consiste esencialmente en el bienestar físico y emocional de sus miembros. Los conflictos entre familiares, la envidia, el rencor, la rivalidad, el odio, las enfermedades (genéticas y/o las contraídas), etcétera, deterioran y disminuyen ese capital, reduciendo el valor

---

7. Algunos conceptos fueron tomados de Trevinyo-Rodríguez, R.N.: "El patrimonio familiar, ¿privilegio u obligación?". En *http://www.iese.edu/en/files/Elpatrimoniofamiliarprivilegiouobligaci.pdf*

neto del patrimonio familiar. Por el contrario, la unidad, el compromiso, la visión conjunta, la armonía, el compañerismo, la buena salud física y mental –entre otros– favorecen tanto las relaciones familiares como las estimaciones de nuestra riqueza.

En línea con el capital humano, está el capital intelectual, que abarca el conocimiento que los miembros familiares poseen y que han adquirido por diferentes vías, entre otras, la educación formal, las experiencias propias, los valores y los comportamientos inculcados en el seno familiar, las tradiciones y las competencias aprendidas de los padres, los abuelos, etcétera. Cuantos más conocimientos y más información poseamos, más fácil nos será tomar decisiones de negocios acertadas y evitar el desperdicio y la mala utilización de recursos que son escasos.

Hay que incitar a todos los miembros de la familia a educarse, a formarse en finanzas, a ser buenos accionistas y a ser "generalistas" –saber un poco de cada área de la empresa–, como vimos recién cuando hablamos de profesionalización.

Sin embargo, ¿de qué servirá tener una amplia fortuna si se estará peleando por ella y causa heridas emocionales que tendrán efectos negativos no solo en la familia sino también en el negocio? ¿Qué aporta que la primera generación haya acumulado muchísimo dinero si los miembros de la segunda –quienes probablemente lo heredarán– no estarán preparados para invertirlo y, más importante aún, para cuidarlo?

Por otro lado, comprender que el proceso de creación y mantenimiento de la riqueza es continuo y no termina con la primera generación, ni con la segunda, ni con la tercera, sino que dura por siempre es un punto clave. Probablemente, algunos (sobre todo los fundadores) nunca vean si el proceso que comenzaron dio o no resultados. O sea, no siempre se estará en condiciones de presenciar ni de averiguar si el patrimonio pudo crecer durante más de dos generaciones, y, mucho menos, si sigue transmitiéndose a los descendientes luego de 100 o 150 años. De ahí que la visión de la EF deba desvincularse del aquí y ahora del fundador ya que gestionará mejor la empresa cuando se desprenda de la idea de querer ver (y querer dirigir) cómo van a ser las cosas en el futuro (futuro en el que además no va a estar).

En este punto, vale la pena resaltar que, en la actualidad, estamos viviendo un período en la sociedad en que las urgencias predominan sobre lo sustancial, el culto a la inmediatez se propaga rápidamente y la demanda de satisfacción inmediata parece gobernar a las nuevas generaciones. En este contexto, no es de extrañar que este tipo de procesos prevalezcan en las mentes de nuestros dirigentes y que se vuelva raro encontrar a alguien que esté imaginando un proyecto que vaya a ser inaugurado por otro. De este modo, no hay planificaciones ni obras a largo plazo. Si bien las EF ofrecen cierta resistencia a este fenómeno, por ser parte de su esencia mantenerse en el tiempo para las nuevas generaciones, el riesgo es que estas nuevas generaciones están imbuidas del espíritu actual, lo que si bien no es decisivo, resulta un pequeño obstáculo para trabajar pensando en el futuro.

Por esto, como se ha dicho, *la paciencia* y *la prudencia* son virtudes que toda familia debe desarrollar. En cada acción, en cada comportamiento, en cada estrategia, la paciencia ayuda a los miembros de la familia a lidiar con problemas humanos y financieros. La prudencia favorece la correcta toma de decisiones, ya que nos compromete, ante todo, a pensar en qué legaremos a las generaciones ulteriores y no en nuestro propio beneficio.

Cada generación debe convertirse en una primera generación y cuidar, aumentar y transmitir el patrimonio que se ha ido acumulando. De lo contrario, cuando los miembros de la familia de las generaciones posteriores heredan un gran capital pero no son conscientes de lo que ha significado ganarlo, no lo aprecian, y es sumamente alta la probabilidad de que lo malgasten.

Si a esto añadimos el hecho de que estas generaciones asocien el crear, mantener y transmitir capital con experiencias negativas (crisis, conflictos, etcétera) que debió vivir la primera generación (o la generación que les dejó la herencia) es aún más factible que no deseen pasar por ese camino de trabajo arduo y ahorro (reinversión), y se dediquen solamente a derrochar.

El patrimonio familiar es tanto un privilegio como una obligación. Planificar y organizar cómo gastarlo y utilizarlo es una decisión compartida que cuando se toma en consenso implica una responsabilidad compartida

4. Los factores independientes de la EF

Estos factores son los que no dependen de decisiones que tome la familia. Pueden ser internos o externos. Entre los primeros, tenemos la muerte imprevista de un miembro significativo para la empresa o su repentina invalidez. Recuerdo el caso de una EF en la que, al poco tiempo que el padre se retiró totalmente y delegó la dirección en su único hijo, este contrajo una hepatitis seria que lo obligó a hacer reposo absoluto durante seis meses. Esto llevó a contratar de apuro a un gerente externo para la gestión, que debía ser supervisado por el padre, quien se vio obligado a regresar de su retiro.

Dentro del segundo tipo de factores, están la situación económica del país o de la región, las visicitudes políticas, etcétera. Un ejemplo es el de una EF vinculada a la industria metalúrgica cuyos clientes eran talleres, pymes, y los contactos entre la empresa y estos eran de dueño a dueño (de emprendedor a emprendedor). En los últimos años, muchos de esos talleres habían sido absorbidos por empresas más grandes, que si bien habían conservado sus relaciones comerciales, también habían cambiado las reglas, ya que el interlocutor no era más el dueño y emprendedor sino técnicos empleados. El dueño de la EF, un hombre mayor de unos sesenta años, se estaba replanteando junto con su familia (esposa e hijos trabajan todos en la EF) cómo iban a enfrentar esta situación ya que, al cambiar las condiciones de la interacción, los técnicos empleados contaban con menos margen de negociación en las decisiones, muchas veces no tienen la última palabra. Esto desorienta al hombre que, por más de treinta años, acostumbraba tratar los asuntos del negocio de dueño a dueño. Le cuesta mucho adaptarse a la nueva situación con diferentes códigos.

La transmisión de los valores

Los valores de una familia son uno de los ingredientes que dan sentido de pertenencia a sus miembros, son parte de la argamasa que la sostiene unida, es una parte del "quiénes somos".

En el caso de las EF, se agregan los valores propios de una empresa, la ética de hacer negocios, de qué modo se toma en cuenta la responsabilidad social, el compromiso con el cuidado del medio ambiente y, como veíamos un poco más arriba, qué se entiende por patrimonio de una EF.

Por este motivo, no es de extrañar que la transmisión de los valores sea una de las preocupaciones más importantes de los fundadores de una familia.

No hay mejor vehículo que el ejemplo y la coherencia entre lo que se dice y lo que se hace. Cuando se hace algo diferente de lo que se dice, lo que se transmite es lo que se hace o se establece una contradicción que confunde.

La transmisión de los valores no empieza ni concluye con una acción determinada ni depende de ciertas acciones aisladas. Desde la formación de la pareja y a partir de las ideas que se tengan respecto de la crianza de los hijos y del desarrollo de un negocio propio es como se transmiten los valores.

Como vimos al comienzo del libro, la familia funciona como una matriz que moldea a sus propios miembros. En este sentido, la infancia y la adolescencia son los años de mayor absorción de valores y modelos. Es común que esa edad de los hijos, la de la formación, coincida con la pendiente más acentuada del crecimiento de la EF; período en el que, si todo va bien, puede disponerse de un patrimonio que se amplía en poco tiempo.

Ahora bien, ¿cómo se llega a esa etapa de crecimiento? Lo más habitual es que sea con esfuerzo y sacrificio. Siempre que los hijos compartan el mismo sentido del sacrificio con sus predecesores, la transmisión de valores puede arraigarse hasta tal punto en el seno familiar que la tercera generación empezará a considerar normales los valores ancestrales de dos generaciones que han velado por su patrimonio de forma celosa.

Si el concepto de los valores fundamentales, incluido el de sacrificio, no se comparte entre la primera y la segunda generación, puede que sea radicalmente diferente la idea que predomine sobre la gestión y el disfrute del patrimonio entre dichas generaciones.

Muchos padres no quieren que sus hijos pasen lo que ellos pasaron, sienten que su sacrificio ha sido para que sus hijos no tengan que sacrificarse y desean que gocen de la vida más y mejor que ellos. Esta aspiración legítima tiene su contracara en algunos inconvenientes. Uno de ellos es el incentivo al consumo, la carencia de privaciones, la facilidad para mantener un nivel de vida hasta quizás por encima de otros de su misma generación.

La unidad es otro de los valores que fortalece el desarrollo de una familia. Estar unidos implica compartir valores fundamentales en los cuales todos se reconozcan y los sientan propios. Si esta unidad es vivida como una imposición, se corre el riesgo de las "rebeliones" y/o las "traiciones". Un ejemplo es el caso de una EF donde uno de los hijos decidió, por vocación, desvincularse y continuar su trabajo en otra empresa que a su vez era proveedora de servicios de su EF, y por eso fue considerado traidor "a la causa familiar". En otra EF, uno de los miembros de la tercera generación (el abuelo fundador había fallecido hacía muchos años) decidió iniciar un emprendimiento propio en un campo diferente del de la EF y, si bien los padres lo aceptaron de buen grado y hasta ofrecieron su ayuda, los hermanos se quejaron con el argumento de "nos ha abandonado".

En los jóvenes, el entusiasmo tendrá la misma intensidad que la de sus progenitores si los padres trabajan y muestran la pasión por la empresa y el negocio como una experiencia rica, positiva y creativa. Como veíamos en un punto anterior, si los padres transmiten una visión y una experiencia de la EF positivas en la familia, estarán transmitiendo cariño y amor, lo que facilitará una imagen amigable tanto para los que deseen incorporarse y trabajar en ella como para los que no. Por supuesto que también ocurre lo contrario: si el progenitor transmite a sus hijos una sensación de tristeza y dificultad al trabajar en la compañía, así lo recibirán sus hijos. y es difícil que manifiesten algún interés por ingresar en la empresa.

El Protocolo

Si la decisión de la familia es continuar con la empresa, es recomendable establecer pautas de comportamiento que faciliten su desarrollo. Habitualmente, estas pautas se plasman en un documento que llamamos Protocolo de la EF.

El Protocolo contiene los acuerdos hechos por la familia para garantizar una convivencia armónica; ante todo es de carácter moral y no legal. Es decir, la familia lo cumple porque tiene interés en que la generación actual y las próximas se puedan entender. Este documento traza, entre otras cosas, las grandes líneas filosóficas para el manejo del negocio y establece los valores que la familia desea preservar, así como las reglas específicas para orientar las relaciones de los herederos con la empresa. No importa cuáles sean estas normas siempre que sean consensuadas. El hecho de tenerlas ayuda mucho.

Este es un proceso que suele conllevar bastantes esfuerzos porque los integrantes tienen que aceptar que, si quieren mantenerse unidos como familia, en los negocios deben someterse a una serie de reglas que tal vez no sean "exactamente" como las habían pensado. Para esto, es necesario despejar, si los hubiere, resentimientos, rencores y demás. Despejar no quiere decir eliminar sino, en primer lugar, ponerlos sobre la mesa, como dice el viejo axioma: "conversando la gente se entiende", y, en segundo lugar, revisar en qué medida son un obstáculo para el objetivo y buscar mínimos acuerdos de respeto.

Cada vez más familias de EF demandan la realización de un Protocolo pero, muchas veces, el pedido guarda la ilusión de resolver conflictos vigentes; conflictos a los que habrá que prestarles atención porque, en general, actúan como barreras que impiden avanzar en la gestión y asentar las bases para el futuro.

¿Qué es? ¿En qué consiste? ¿Cómo se hace? ¿Quién lo hace? ¿Qué alcances tiene y para qué sirve? De eso vamos a hablar ahora.

Definición

"Un acuerdo de voluntades, consensuado y unánime, desarrollado entre los miembros de una familia y la EF que hace posible la aparición de un código de conducta que regule las acciones entre ambas. La fuerza moral del Protocolo es indudable si el proceso se ha hecho correctamente y la familia ha sido libre de expresar lo que realmente piensa."[8]

En palabras sencillas, es redactar reglas de juego claras y consensuadas por las que se regirán las relaciones entre los distintos miembros a partir de ese momento.

Es habitual (y recomendable) que las familias soliciten la ayuda de consultores para realizar el Protocolo. Es interesante establecer que no son los consultores quienes deben estar de acuerdo con las reglas, sino que ellas son privativas de cada familia. El solo hecho de tenerlas ayuda muchísimo a las EF en el proceso de discusión y la búsqueda del consenso, promueve la unidad y la armonía de sus miembros, los impulsa a profesionalizarse y a conservar en la familia los valores que hacen fuerte el negocio

---

8. Fernando Soria, citado en Candal Aguaje, C.A.: "La empresa familiar desde un punto de vista estratégico". En *http://www.gestiopolis.com/recursos/documentos/fulldocs/emp1/emprfamestra.htm*

familiar. Lo que sí compete a los consultores es sugerir asuntos que, por falta de conocimiento, la familia no ha considerado, ayudar al consenso y cuidar que se respeten las leyes del país.

El Protocolo es un acuerdo básico con puntos detallados, una especie de Constitución para el grupo, por eso es recomendable que se establezca en un documento por escrito y que sea firmado, a modo de compromiso con su contenido, por todos los integrantes de la familia, trabajen o no en la EF. Una vez terminado, también deberían firmarlo los familiares políticos para dejar constancia de que han sido informados. De esta manera, el día de mañana, nadie podrá "alegar ignorancia" sobre cómo la familia decidió organizarse. Representa un código de conducta que permite dividir los asuntos de la familia de los de la empresa.

¿Cuál es el objetivo?

Compatibilizar los intereses de la empresa y de la familia empresaria. Es decir, conseguir que la familia reciba los máximos beneficios posibles de la empresa sin que esta se resienta por eso y, a su vez, conseguir los mejores aportes de la familia para la empresa.

El Protocolo es una herramienta muy útil para facilitar el proceso de transición de la dirección y evitar el temor de que "la tercera generación la hunda".

¿Qué es?

Más que un documento, el Protocolo es un proceso, largo y trabajoso, que requiere, por una parte, la colaboración de toda la familia y, a menudo, también la de un asesor externo, próximo o afín a la familia, y conocedor de la empresa.

También es recomendable que en el Protocolo quede asentada la periodicidad para su revisión. Lo que es bueno para empresa y familia en un momento determinado, puede no serlo necesariamente 5, 10, o 30 años después, por lo que se recomienda que sea revisado con periodicidad y profundidad acordadas entre los integrantes de la familia.

En mi experiencia, un período de 5 años suele ser óptimo. De todos modos, la periodicidad depende de la edad de la EF, de las edades de los miembros de la familia, de un acontecimiento inesperado, etcétera.

¿Cuándo se debe hacer?

La principal función del Protocolo es preventiva: quizás el mejor momento para planificar el futuro sea cuando la empresa y la familia estén pasando por un buen momento, y que la transición de la dirección todavía parezca lejana.

¿Por qué en un buen momento? Porque cuando las cosas andan bien son mejores las condiciones para conversar con tranquilidad sobre las bases de lo que quieren que la empresa y la familia sean. Existen momentos en el ciclo de vida de la EF en que la familia debe decidir qué quiere hacer con el negocio: venderlo, hacerlo crecer, participar de una fusión u otra alternativa. El Protocolo es una instancia para fijar la posición, por lo menos, de la generación actual. En general, cuando los hijos están entre los 20 y los 30 años y los padres alrededor de los 50 es un buen momento para comenzar a hacerlo.

La construcción del Protocolo es un proceso a través del cual se buscan los consensos para la gestión de la EF en el momento actual y en el futuro. Hacerlo cuando no existen urgencias da mejores resultados. Cuando las circunstancias apremian todo se improvisa.

¿Quién lo puede hacer?

Como decía, lo recomendable es que lo haga la familia con un colaborador externo que los ayude. Las funciones de este colaborador serán ordenar el trabajo, guiar y mediar en el camino hacia la armonización de los intereses de la empresa y la familia. Para que cumpla con su función, el Protocolo no debe ser un documento que haga un profesional (consultor, abogado, contador, etcétera) en su despacho y lo firmen los miembros de la familia, sino que debe surgir de una serie de conversaciones entre los miembros de la familia. De no ser así, sería un compromiso formal que no sería tenido en cuenta llegado el momento.

La persona idónea para ayudar a la familia suele estar dentro de uno de estos perfiles:

a) Un amigo de la familia: además de conocer bien a toda la familia, debe tener conocimiento de la empresa, y de la gestión y la dirección empresarial.

Seguramente es la opción más cómoda para la familia y hasta puede llegar a ser la más efectiva. La dificultad estriba en poder disponer de una persona que, además de los requisitos mencionados, sea un buen mediador, imparcial, con visión de futuro y con la capacidad suficiente para reconocer rápidamente las inquietudes y las exigencias de cada familiar. No muchas familias cuentan, en su círculo cercano, con una persona que reúna estas condiciones.

b) Un profesional externo: es la alternativa más habitual aunque todavía no esté tan difundida la práctica de que él concrete un Protocolo. Si bien en teoría es aceptado y requerido, no siempre se puede llevar a la práctica, básicamente porque la mayoría de las familias piensan que no ocurrirán todas las cosas que pueden preverse en el Protocolo.

Si el asesor es alguien próximo a la familia, mejor, aunque puede no serlo. En ambos casos, debe resultar confiable para todos los integrantes ya que el contacto será largo e intenso. A mediano y largo plazo, si el asesor logra una buena comunicación con la familia se irá acercando al perfil descrito en el ítem anterior.

c) La propia familia: también puede hacerlo la propia familia sin colaboración externa.

Si bien es la opción que tiene mayor privacidad y menor costo, es difícil que ellos mismos cuenten con la suficiente perspectiva como para solventar problemas, de los que todos serán juez y parte, y lleguen a un acuerdo que, además, sea el mejor. Sobre todo si la situación es de crisis o conflicto.

¿Qué asuntos se tratan?[9]

Es importante que el fundador de la EF (si no vive, el miembro de la familia más antiguo en la empresa) redacte una historia de la empresa desde sus orígenes: cuáles fueron sus expectativas, sus ilusiones, sus esfuerzos, sus dificultades y sus satisfacciones, incluso cómo fue viviendo la incorporación de sus hijos. De esta manera, queda asentada la historia en el Protocolo como una manera de transmitir a las nuevas generaciones el espíritu del emprendedor fundador. Este suele ser el primer punto del Protocolo, el encabezamiento.

Es conveniente que la familia se dé la oportunidad de definir cuál es la *misión* de la EF, cómo quiere que sea la empresa y a qué se compromete para lograrlo.

También es recomendable incluir una *visión* de la EF: cómo se imagina la familia a sí misma y a la EF en los próximos años.

---

9. Este listado es solo a título informativo; no es completo y su orden no establece jerarquías ni valor de los asuntos enunciados.

Sobre la transición

- Cómo establecer la seguridad financiera de los padres para toda la vida y qué ocupaciones fuera de la compañía mantendrán activos a los padres en el momento de su retiro de la empresa.
- Cómo elegir al nuevo presidente.
- Cuándo debe tener lugar el cambio de presidencia en la empresa y cómo tomar esta decisión.
- Cómo evaluar el desempeño del presidente y cómo considerar su reemplazo.

Sobre la participación

- Cómo decidir qué miembros de la familia pueden ingresar en la EF y qué preparación se requiere para ello, si es que se necesita alguna.
- Cómo determinar grados de autoridad y posición o títulos de los miembros que ingresen.
- Qué hacer cuando un empleado que es miembro de la familia no se desempeña bien y qué se hace cuando un miembro de la familia elige retirarse del negocio.
- Permitir o no que cónyuges y otros parientes no consanguíneos trabajen en la empresa.
- Permitir o no que los hijos de la siguiente generación ingresen en la empresa.

Sobre las remuneraciones y la propiedad

- Cómo evaluar y remunerar a los miembros de la familia.
- Quién y en qué medida tendrá participación en el crecimiento financiero o en el futuro de la empresa.
- Quién puede tener acciones en la empresa.
- Qué rendimientos obtendrán los accionistas.

Sobre las relaciones en la familia

– Cómo manejar los conflictos generacionales.
– Cómo manejar los conflictos entre hermanos.
– Cómo transmitir a los parientes políticos la tradición de la familia y de la empresa.
– Quién pasará a la generación siguiente las costumbres familiares y quién dirigirá las actividades familiares en el futuro.
– Cómo se tomarán las decisiones que afecten el futuro de la familia.

Sobre la responsabilidad con la familia y la comunidad

– Cómo se ayudará a los miembros de la familia con necesidades económicas o profesionales.
– Qué responsabilidades tiene un miembro de la familia con respecto a los demás y qué hacer en casos de divorcio.
– Qué hacer si algún miembro de la familia comete un delito o actúa de manera gravemente irresponsable.
– Con quién y hasta qué punto se compartirá información acerca de la situación financiera.
– Cómo proteger a los buenos empleados extrafamiliares.
– Cómo apoyar las innovaciones empresarias de miembros de la familia, hasta qué punto se expondrá públicamente la EF y cómo se enfrentarán las expectativas públicas que genera una familia exitosa.
– Qué responsabilidad tiene la familia y la EF frente a la comunidad.

Cada familia y cada empresa son diferentes, por lo que el Protocolo deberá solucionar y prever la problemática en cada caso.

Es aplicable el viejo axioma de la medicina que dice que siempre da mejores resultados prevenir una crisis que tratarla: deja menos secuelas y se necesitan menos recursos para hacerlo.

Si vamos a esperar que los conflictos y las crisis aparezcan y/o que las fricciones familiares arrastradas a través del tiempo aumenten, seguro que la tarea será mucho más difícil y consumirá mayores recursos (tiempo, dinero, energía).

El protocolo no es un remedio para todos los males de la EF pero es un instrumento que facilitará su evolución. Como todo instrumento, su eficacia depende de la responsabilidad, la seriedad y la honestidad de quienes lo utilizan.

¿Vinculación?

En la Argentina, al momento de redacción de este libro, no existe una legislación específica para el Protocolo de la EF. Todavía se aplica la legislación vigente en los fueros civil y comercial. Como dije antes, la vinculación es fundamentalmente moral, es un compromiso que todos saben que tomaron. La familia lo cumple porque tiene interés en que las próximas generaciones puedan entenderse.

Los miembros de la familia se comprometen a ciertos actos y comportamientos ante determinados hechos pero no existe una obligación legal; es solo moral entre las partes. Se trata pues de un pacto de honor.

CAPÍTULO 7

HERRAMIENTAS

Seguramente, estimado lector, usted tiene una EF, trabaja en una o la asesora. Es probable que la EF tenga varios años de existencia y usted sea el fundador, o uno de los hijos o nietos. Si es así, tal vez algunos de los temas que siguen a continuación hayan sido parte de varias conversaciones a través de los años. Incluso si estos temas están claros entre los miembros de la EF, vale la pena repasarlos. Si nunca se revisaron desde estos puntos de vista, este es el momento de hacerlo. A continuación, encontrará recomendaciones que lo ayudarán en el proceso.

Las herramientas son solo eso, herramientas. No son responsables de los resultados. La responsabilidad está en quien o quienes las utilicen. Cuando se trabaja con personas, ninguna intervención, ninguna conversación es inocua y todas traen consecuencias, a veces deseadas y otras no deseadas.

Toda pregunta, toda propuesta para pensar o reflexionar retransforma a las personas que participan de esa interacción; por eso, es recomendable ser siempre muy cuidadoso con las herramientas que se utilizan cuando se trabaja con personas. Si no se está seguro de poder afrontar las consecuencias lo recomendable es no utilizarlas.

A continuación, se detalla una serie de herramientas útiles para conocer el funcionamiento de una EF: si bien aquí son presentadas a modo de ejercicio, con fines didácticos, en la práctica profesional forman parte de las conversaciones de trabajo con los miembros de la familia y rara vez asumen las características formales aquí presentadas.

Herramienta n° 1
Sobre las características de la EF

Describa las características de la EF de la que forma parte o de alguna que conozca de muy cerca.

_____

_____

_____

_____

_____

_____

_____

_____

Describa las desventajas y las ventajas competitivas de la EF de la que forma parte, de la EF en la que trabaje o de alguna que conozca de muy cerca.

_____

_____

_____

_____

_____

_____

_____

_____

Herramienta n° 2
Sobre los problemas de la EF

Describa los problemas o las dificultades específicos de la EF de la que forma parte o de alguna que conozca de muy cerca.

_____
_____
_____
_____
_____
_____
_____
_____

Ordénelos, a su criterio, por la importancia según el grado de incidencia en la marcha de la empresa:

1 _____
2 _____
3 _____
4 _____
5 _____
6 _____
7 _____
8 _____
9 _____
10 _____

Explique por qué inciden de esa manera.

_____
_____
_____
_____

Herramienta n° 3
Sobre el momento evolutivo

Describa en qué momento evolutivo se encuentra la EF de la que forma parte o conoce de muy cerca.

_____
_____
_____
_____
_____
_____
_____

Cuáles son, a su criterio, las expectativas de las distintas generaciones de la familia en relación a ella misma y a la EF.

_____
_____
_____
_____
_____
_____
_____
_____

Explique cómo inciden esas diferencias de expectativas en la marcha de la empresa.

_____
_____
_____
_____
_____

Herramienta n° 4
Sobre la visión

Definición de la visión

¿Cuál fue el sueño del fundador? ¿Logró estar en el lugar en el que hace 5, 10 o 15 años pensó? Si la empresa es dirigida por la segunda generación (o posteriores), ¿cuáles son los sueños? ¿Todos tienen el mismo? ¿Compartió el fundador sus sueños con la generación siguiente?

Las preguntas anteriores sirven para definir una *visión* y una *visión compartida*. La definición de la *visión* es un paso clave en la planificación del futuro de la empresa.

¿Qué es la visión?

La visión es aquella idea, aquel sueño, aquella imagen del proyecto que nos dice dónde se quiere estar en el futuro (por ejemplo, dentro de 5 años). Nos marca el destino a seguir.

Un enunciado de visión tiene los siguientes propósitos:

- Poner en evidencia las prioridades y los compromisos del proyecto.
- Ser la antorcha que guíe un plan de acción visible como ayuda memoria a medida que este se desarrolla.
- Ser el mapa para llegar a la tierra prometida: ofrece un destino a los miembros de la familia.

Crear una visión

En términos literales, una visión es una imagen de lo que el fundador o los seguidores de un proyecto quieren que este sea o llegue a ser. Tiene que ser algo que pueda describirse y que esté estrechamente ligado a los sentimientos.

El organismo espacial norteamericano, NASA, brindó uno de los ejemplos más motivadores de la visión. El presidente Kennedy, en 1960, dio a la NASA una visión muy clara: "Pondremos al hombre en la Luna para fines de esta década".

El ejemplo anterior concuerda con los criterios específicos de un sólido enunciado de visión:

- El objetivo a alcanzar debe estar a la vista pero fuera del alcance: una visión muy cercana pierde su poder inspirador y una muy lejana pierde motivación al no poder observarse.
- En cuanto a su enunciación, debe ser simple, posible y compartida por todos y cada uno de los miembros de la familia, trabajen o no en la empresa. Lo ideal sería poder sintetizarla en una sola línea, aunque lo normal es que al principio requiera de un párrafo completo.
- Debe describirse en tiempo futuro.

Teniendo en cuenta este rumbo, deberá considerarse con qué elementos (recursos) cuenta o debería contar la empresa para alcanzarlo.

Redacte la visión de la EF de la que forma parte o de alguna que conozca de cerca. En caso de no conocerla, pregúntelo. Recuerde que es recomendable ser muy cuidadoso porque ninguna pregunta es inocente, y es muy difícil establecer *a priori* las consecuencias que una pregunta pueda tener.

Herramienta n° 5
Sobre la misión

Definición de la misión

La *misión* de una EF es el principal motivo por el que se trabaja todos los días, el propósito fundamental que da coherencia al trabajo. Es el *cómo* se va a alcanzar la visión, describe los valores que la guían y que, en definitiva, marcan su identidad, representan las cualidades y las prioridades por las cuales los clientes van a elegir esta empresa.

Una EF que no posea misión ni visión corre riesgos de quedar a la deriva y perderse en mares turbulentos.

¿Cuáles son las características que definen la *misión*?

- Es la razón de ser del negocio.
- Debe orientarse al negocio deseado marcando los valores del presente.
- Debe ser simple y clara en su enunciado.
- Debe ser adaptable a los objetivos concretos.

¿Cuáles son los beneficios de establecer una misión?

- Suministra unidad de dirección que trasciende las necesidades individuales e integra a la familia como sostén del negocio.
- Fomenta un sentimiento de expectativas compartidas tanto para el negocio como para la familia.
- Consolida valores más allá del tiempo y de las generaciones.
- Proyecta sentidos de dirección y de valor que las personas ajenas a la empresa y a la familia pueden identificar fácilmente.

Afirma el compromiso de la empresa con acciones responsables de cada uno de sus miembros sean familiares o no.

Formular una misión

Una misión queda definida por tres componentes:

a. ¿Qué producimos? (oferta).
b. ¿A quién le ofrecemos o vendemos lo que producimos? (demanda).
c. ¿Por qué eligen nuestra empresa? (ventaja competitiva).

Un proyecto siempre se define de adentro hacia fuera. Es necesario pensar en el cliente y hacer un análisis de diferenciación con respecto a la competencia porque en esta diferenciación (que hace que un cliente elija nuestro proyecto y no otro) radica su fortaleza.

Redacte la misión de la EF de la que forme parte o de alguna que conozca de cerca. En caso de no conocerla, pregúntelo. Recuerde que es recomendable que sea muy cuidadoso porque ninguna pregunta es inocente y es muy difícil establecer *a priori* las consecuencias que puede tener.

Herramienta n° 6
Sobre los objetivos

Definición de objetivos

Los objetivos son los resultados que se prevén alcanzar. Un objetivo permite acortar la distancia entre la situación actual y un estado futuro deseado: generalmente, tenemos un objetivo ideal y una situación real y, en el medio, una distancia a recorrer para llegar hasta ese punto. *Los objetivos son las metas concretas que la* EF *espera alcanzar en el camino.*

Un objetivo es el resultado que se desea o se necesita obtener dentro de un plazo determinado de tiempo. Los objetivos claros:

- Suministran dirección.
- Permiten sinergia.
- Reducen la incertidumbre y los conflictos.
- Estimulan el esfuerzo y las realizaciones.
- Sirven como normas mediante las cuales individuos, grupos, departamentos o divisiones son sometidos a evaluación.
- Revelan prioridades.
- Son esenciales para las actividades de control, organización y planificación efectivas.

Es importante establecer objetivos concretos, porque esa formulación permitirá evaluar si se pudieron alcanzar los objetivos propuestos. Para que esto resulte posible, los objetivos deben cumplir ciertos requisitos.

Deben ser:

– realistas,
– alcanzables,
– medibles,

– comprensibles,
– orientados a resultados,
– congruentes entre sí,
– susceptibles de ser controlados.

En una palabra, un objetivo debe ser MAREA. Esto es:

– **M**edible
– **A**lcanzable
– **R**ealizable
– **E**specífico
– **A**cotado en el tiempo

En este sentido, aunque usted se proponga "incrementar las ventas" en general, los objetivos tienen que estar especificados en metas más concretas y controlables. Por ejemplo, incrementar las ventas de X producto en un 10% con respecto al mismo período del año anterior.

Para poder evaluar el éxito de las acciones implementadas, debe fijarse un plazo para el cumplimiento de los objetivos. Es fundamental que, en determinado momento, la empresa esté en condiciones de decir si se concretaron los objetivos, o no.

Entonces, los objetivos:

– Deben establecer un único resultado a lograr (aumentar la producción en 10% en el año próximo, por ejemplo).
– Comienzan con un verbo de acción (lograr, aumentar, participar, desarrollar, etcétera).
– Tienen un plazo para su cumplimiento.
– Deben ser lo más específicos y cuantificables posible.
– Deben ser coherentes con la misión de la empresa y con los demás objetivos establecidos.
– Deben ser factibles de alcanzar para no provocar frustración y falta de motivación.

Para establecer objetivos debemos seguir una metodología lógica que contemple algunos aspectos importantes de modo que ellos reúnan algunas de las características señaladas.

Para establecer objetivos debe tenerse en cuenta:

- Una *escala de prioridades*, necesarias para ubicar los objetivos en un orden de cumplimiento de acuerdo con su importancia o urgencia.
- La *identificación de estándares*, necesarios para definir, en forma detallada, lo que el objetivo desea lograr, en qué tiempo y, si es posible, a qué costo. Los estándares constituirán medidas de control para determinar si los objetivos se han cumplido o vienen cumpliéndose, y si es necesario modificarlos o no.
- Si se *cuenta con los recursos* suficientes para cumplir con los objetivos y si ellos son sostenibles durante el tiempo previsto.

Escriba cuáles son (o debieran ser) los objetivos de la EF de la que forma parte o de alguna que conozca bien.De no conocerlos, pregúntelos, pero recuerde que deberá ser muy cuidadoso porque ninguna pregunta es inocente y es muy difícil establecer *a priori* sus posibles consecuencias.

1 _____

2 _____

3 _____

4 _____

5 _____

6 _____

Herramienta n° 7
Diagnóstico de situación

Toda estrategia de negocios requiere un diagnóstico inicial y analizar periódicamente el cuadro de situación (saber "dónde estamos parados"). El *diagnóstico de situación* es el detallado análisis de muchos factores tanto de la misma EF como del medio, destacando lo que sea relevante para pensar y decidir acciones futuras.

Son varias las herramientas que ayudan, de una manera técnica, a identificar los problemas organizacionales existentes en el interior de una EF y en su medio externo. La que me resulta más operativa es la comúnmente llamada DAFO.

Los términos DAFO, FODA o DOFA en castellano, (en inglés SWOT) son las siglas usadas para referirse a una herramienta analítica que permite a los directivos y miembros de la familia trabajar la información que poseen sobre su negocio, con miras a determinar su capacidad competitiva en un período dado.

El análisis DAFO consta de dos partes: una interna y otra externa.

Parte interna: es la que tiene que ver con las *fortalezas* y las *debilidades* de una EF, aspectos sobre los cuales los directivos tienen (o pueden tener) algún grado de control.

- Fortalezas: son aquellos aspectos internos en los que la EF es fuerte y que se deben mantener o mejorar para posicionarse adecuadamente en el mercado.
- Debilidades: son aquellos aspectos internos de la EF que constituyen un obstáculo para la consecución de los objetivos.

Parte externa: se refiere a las *oportunidades* que ofrece el mercado y a las *amenazas* que debe enfrentar para permanecer compitiendo en el sector. Aquí los directivos y profesionales, dueños o asesores de la EF, tendrán que desarrollar toda su capacidad y su habilidad para aprovechar esas oportunidades y minimizar o anular esas amenazas, circunstancias sobre las cuales, por lo general, se tiene poco o ningún control directo.

- Oportunidades: son las situaciones favorables provenientes del entorno.
- Amenazas: son las circunstancias o situaciones del entorno desfavorables para la empresa y que pueden afectar negativamente la marcha del proyecto de no tomarse las medidas necesarias en el momento oportuno.

Es muy importante tener en cuenta que, muchas veces, determinadas situaciones pueden ser amenazas y/u oportunidades. Por ejemplo, la devaluación del peso argentino pudo haber sido vista como una amenaza al disminuir el poder adquisitivo de los clientes pero también como una oportunidad con respeco a la competitividad en negocios internacionales.

El diagnóstico, desarrollado a partir del DAFO, nos indica un pronóstico: ¿qué va a pasar con su empresa si continúa en esta situación? A partir de este pronóstico, debe analizarse cuál es la situación que se desea para ese proyecto: ¿qué proyecto se quiere tener?

La combinación de estas situaciones es la base de estrategias, planes, programas y acciones que llevarán a su empresa a la situación deseada.

En la tabla siguiente incluya, en cada cuadrante, las situaciones que considere que correspondan a cada una:

EXTERIOR	INTERIOR
DEBILIDADES	FORTALEZAS
AMENAZAS	OPORTUNIDADES

Una vez realizado este análisis, realice el siguiente ejercicio.

Cuáles son las acciones a tomar frente a cada una de estas situaciones, puede seguir el siguiente esquema (CAME):[1]

Debilidades	⟶	Corregirlas
Amenazas	⟶	Afrontarlas
Fortalezas	⟶	Mantenerlas
Oportunidades	⟶	Explotarlas

---

1. Agradezco a Gustavo Cerljenko la información sobre el esquema CAME.

Herramienta n° 8
Sobre el Protocolo

Describa cuáles serían, a su criterio y para su familia empresaria, los **diez puntos prioritarios** que deberían figurar en un posible Protocolo de su empresa. Puede usar como ejemplo su empresa (o alguna que conozca).

_____
_____
_____
_____
_____
_____
_____
_____
_____
_____
_____
_____

CAPÍTULO 8

EMPRESAS DE FAMILIA MÁS ANTIGUAS EN ACTIVIDAD EN EL MUNDO Y EN LA ARGENTINA

Resulta interesante ver una lista con la historia de las EF en actividad más antiguas del mundo y de la Argentina para, de alguna manera, contrarrestar la fama de vida corta de las EF.

En el primer caso, incluyo a Kongō Gumi Co., Ltd. a pesar de haber perdido el liderazgo al vender sus activos porque, por su trayectoria, merece estar en este listado. El mismo criterio he utilizado para incluir al Hotel Pilgrim Haus, fundado en 1305 y vendido en 2008. Dado que, dentro de las 10 empresas en actividad más antiguas del mundo, se encuentran algunas que existen desde hace más de 685 años, no siempre se contó con documentación plenamente coincidente, motivo por el cual se optó por los datos que parecieron estar más cerca de la verdad histórica.

El caso de la Argentina es diferente por ser nuestro país muy joven como nación y existir apenas un puñado de empresas centenarias, aunque por supuesto, no por eso sean menos importantes en nuestra historia económica. A modo de ejemplo de esta diferencia comparativa, la EF en actividad del mundo en el puesto 100 de antigüedad es la fábrica de lápi-

203

ces Faber-Castell, fundada en el año 1761, 49 años antes de nuestra Revolución de Mayo.

Con el mismo criterio utilizado para las empresas a nivel mundial, se incluye el diario *La Nación*, fundado en 1870 por Bartolomé Mitre y que desde 1909 es una sociedad anónima, a pesar de que, en los últimos años, algunas ventas marcaron la transformación del paquete accionario. Si bien todavía algunos descendientes de Mitre siguen siendo accionistas de la empresa, en la actualidad ha perdido su condición de EF, condición que sí mantuvo durante gran parte de su existencia.

En el mundo[1]

Kongō Gumi Co., Ltd. (株式会社金剛組 *Kabushiki Gaisha Kongō Gumi*) es la empresa que ostenta el récord de haber estado activa durante el período más prolongado de la historia, por operar durante más de 1.400 años. Tenía su sede central en Osaka y era una EF de construcciones. Había sido fundada en el año 578, cuando el príncipe Shōtoku trajo a varios miembros de la familia Kongō desde Baekje (Corea) a Japón con el propósito de construir el templo budista Shitennō-ji, templo que ha perdurado hasta nuestros días. A lo largo de los siglos, Kongō Gumi participó en la construcción de muchos edificios famosos, incuidos el Castillo de Osaka del siglo XVI y el Hōryū-ji en Nara.

Un pergamino de unos tres metros de longitud del siglo XVII permite rastrear las 40 generaciones desde los comienzos de la compañía. Al igual que sucede en muchas familias japonesas distinguidas, a menudo los yernos se unieron al clan tomando el nombre Kongō. Por ello, a lo largo de los años, el linaje se continuó a través de los hijos varones pero también de las hijas.

La compañía, sin embargo, sufrió una crisis económica que, en enero de 2006, la llevó a la liquidación que finalizó cuando sus activos fueron adquiridos por Takamatsu Corporation. Antes de su liquidación, la compañía contaba con más de cien empleados y unos ingresos anuales de 7,5 millares de yens (aproximadamente unos 70 millones de dólares estadounidenses). El último presidente fue Masakazu Kongō, el cuadragésimo Kongō en dirigir la empresa. En diciembre de 2007, la empresa continúa operando como filial del grupo Takamatsu. www.kongogumi.co.jp

---

1. Las referencias históricas de este libro fueron tomadas del sitio web de cada una de las empresas.

Hotel Pilgrim Haus fue fundado en el año 1304 en Westfalia, dedicada a San Jacobo, el santo protector de los peregrinos. Pertenecía al Convento Paraíso ante las Puertas de la villa de Soests, conocida mundialmente por la novela *Simplicius Simplicissimus,* de Grimmelshausen.

Esta joya de la "honorable" villa de Soests se mantuvo durante generaciones en posesión de la familia Andernach, y conservó su sólida reputación incluso cuando los monjes fueron suplantados por posaderos seculares.

Como suele suceder en la tradición de los pintores holandeses, el padre era simultáneamente posadero y pintor. Tanto él como su abuelo recolectaron muchos muebles, artefactos y adornos de estilo de los alrededores. En esta hostería, uno no se siente en un museo, sino en un hospedaje antiguo y señorial, y las paredes de piedra de metros de espesor brindan la sensación de un maravilloso recogimiento.

El abuelo, Fritz Andernach, fabricaba artesanalmente en la *Hanse-Stube* actual hasta la década de 1920 su famosa cerveza *obergäriges.*

La familia Beck adquirió la hostería de los Peregrinos en el año 2008.

Allí las delicias culinarias se unen a acontecimientos artísticos y recuerdos históricos. Si uno tiene la suerte de hospedarse el "día de San Jacobo", o sea el 25 de julio, el posadero lo recibe con un vasito de un licor de más de cien años que fue encontrado en tareas de remodelación y que reposa durante todo el año en la cueva de Jacobo. Ese día es servido en honor del santo protector.

En base a estudios científicos de las vigas portantes de roble, puede afirmarse que la construcción de la casa comenzó en 1294 (utilizando canto rodado verde).

El Concejo Deliberante de la villa de Soests le otorgó un estatuto de hospedaje (algo así como una habilitación) a la casa del Peregrino el 2 de diciembre de 1304. En el acta de fundación constaba que los caminantes y los peregrinos deberían encontrar allí hospedaje y comida. Se refería a los así llamados "peregrinos jacobeos", que en su ruta a Santiago de Compostela (norte de España) se recogían a descansar en este tipo de posadas.

1) **Hoshi Ryokan** es un ryokan (alojamiento tradicional japonés) en el área Awazu Onsen de Komatsu, dentro de la prefectura de Ishikawa, en Japón. Puede alojar hasta 450 personas en 100 habitaciones.

Fundado en el año 718, figura en el Libro Guinness de los récords como el hotel más antiguo del mundo, y, luego de la liquidación de Kongō Gumi en 2006, también la EF con mayor tiempo de actividad.

Hoshi Ryokan siempre fue una EF, que en mayo de 2007 llegó a la cuadragésimo sexta generación tras 1.289 años de explotación continua.

Esta EF no solo es rica en años sino que además posee una historia asombrosa. Cuenta la leyenda que el Monte Hakusan, considerado como un Dios para los japoneses, bajó a la pradera y allí le comunicó a un monje la existencia de una fuente natural de aguas termales. El monje, entonces, le pidió un favor que consistía en permitirle a su discípulo, Garyo Saskiri, construir una casa de descanso en las aguas de la fuente para utilizarla como medio de sustento. Desde ese entonces, la familia del discípulo del monje, conocida en el área como Hoshi, gestiona el hotel. Increíblemente aún mantienen el apellido y el actual patriarca de la familia se llama Zengoro HoshI. **www.ho-shi.co.jp**

2) **La Pontificia Fonderia Marinelli.** Esta fundición especializada en la fabricación de campanas abrió sus puertas los primeros meses del año 1000 en la provincia de Isernia, Italia, para proveer todo tipo de campanas a iglesias y conventos. Hoy en día, con unos 21 empleados, de los cuales 5 son de la familia original, Pasquale Marinelli, un abogado de 70 años, se encarga de llevar adelante la EF. Sus campanas son

reconocidas mundialmente y el trabajo artístico es considerado como uno de los más impecables y detallados que existen. Tras un estudio realizado por las autoridades de Isernia, se llegó a la conclusión de que hay campanas Marinelli en varias de las estructuras más emblemáticas del mundo. **http://www.campanemarinelli.com/**

3) La bodega del Château Goulaine. El Château de Goulaine, en Francia, es la tercera EF más antigua del mundo. Con sus 1.007 años, desde hace más de un milenio que viene ofreciendo servicios de hospedaje y herrería a los viajeros. Los tiempos modernos han llevado a diversificar su negocio, y la familia Goulaine, que aún mantiene el castillo, ha fundado un concurrido museo con una de las colecciones de mariposas más raras del mundo. Entre otras fuentes, sus ingresos provienen del vino –negocio que realizan desde hace siglos– y partes del castillo pueden ser alquiladas para celebrar bodas. **http://chateau.goulaine.online.fr**

4) Aceites Barone Ricasoli. Hacia 1141 abría en Siena, Italia, una vinatería y una pequeña fábrica de aceite de oliva, las cuales se surtían de los productos cosechados en las tierras de los Ricasoli. Esta familia noble cuyas posesiones se encontraban en Florencia, con la caída del sistema feudal, se dedicó completamente a la producción de vinos y aceites de calidad. **http://www.ricasoli.it/**

5) Barovier e Toso. Barovier e Toso fue fundada por la familia Barovier en 1291 en Murano con la intención de ofrecer lámparas de calidad a la gente pudiente de la región del Norte de Italia. Sus cristales, famosos por su pureza y la calidad de los acabados, han adornado algunos de los edificios más famosos de Venecia y de toda Italia durante siglos. Según se cuenta, durante la dominación militar de Venecia, el mismo Napoleón quedó tan encantado con la calidad de las lámparas que personalmente encargó varias piezas que hoy pueden ser encontradas en los palacios parisinos. En el presente, además de producir cristales de lujo por medios tradicionales, también posee un museo dedicado a la cristalería con una de las colecciones más raras del mundo. **http://www.barovier.com/**

6) Richard de Bas. Fundada en 1326 cerca de Ambert, en una aldea perdida en el hermoso valle de Laga, el Moulin Richard de Bas es la última fábrica de papel de Auvergne, región que fue una de las primeras en producir papel en Francia a principios del siglo XIV.

En la actualidad, el Moulin Richard de Bas todavía produce alrededor de doscientas hojas de papel por día, para los editores, los artistas y otros amantes de papeles finos. También es el primer museo viviente de Francia. **www.richarddebas.fr**

7) Torrini Firenze. Desde 1369 Opif<icio Torrini de Orafo es parte de la historia de la civilización del trabajo. En 1999, el patrimonio de la Cámara de Torrini ha sido reconocido por la asociación internacional "Henokiens".[2]

Sus raíces se remontan al siglo XIV cuando un tal Torrini Jacopus se trasladó a Florencia desde su pueblo natal Scarperia y abrió su taller. En el registro original figura como marca registrada de Jacopus Torrini: *Jacopus Turini de la Scharperia facit signum hoc*. Es el año 1369. La insignia representa medio trébol de cuatro hojas y un espolón. Una marca comercial utilizada por más de seis siglos, el trébol de cuatro hojas es el símbolo de buena suerte para la nueva aventura, mientras que el espolón revela la profesión original de Jacopus, un forjador de armaduras de los caballeros de la época.

Armaduras, cascos, polainas, espuelas, todo lo que un caballero necesitaba para triunfar, ya sea en el campo de batalla o en un torneo. Más tarde, cuando los ricos burgueses estuvieron ansiosos por competir con la nobleza en el alarde por

---

2. El exclusivo club Henokiens (www.henokiens.com) está constituido por empresas familiares que hayan sobrevivido más de 200 años y mantengan intacta su competitividad. El grupo está formado por 33 empresas: 14 italianas, 10 francesas, 4 alemanas, 1 española, 1 holandesa, 1 irlandesa del Norte y 2 japonesas.

el lujo y las joyas, la producción de Torrini se vuelca hacia la orfebrería, actividad por la que hoy se distingue la compañía. **www.torrini.it**

8) Antinori. La familia Antinori se dedica a la producción de vino desde que, en 1385, Giovanni di Piero Antinori pasó a formar parte de "Arte de Vinattieri Fiorentina". Su historia abarca la de sus 26 generaciones hasta el presente. Hoy, la empresa está dirigida por el marqués Piero Antinori, con el apoyo de sus tres hijas, Albiera, Allegra y Alessia, personalmente involucradas en el negocio.

Cada año, recorren distintos países y toman las ideas que están dispuestos a adoptar para seguir las palabras de Marchese Piero: "Las antiguas raíces desempeñan un papel importante en nuestra filosofía, pero nunca inhiben nuestro espíritu innovador".

Las haciendas de Toscana y Umbría, el patrimonio histórico de la familia, se unieron a la inversión en otras zonas aptas para la producción de vinos de calidad en Italia y en el extranjero, donde puede tomar un nuevo camino de desarrollo de nuevos vinos de alto potencial. **www.antinori.it**

9) Baronnie de Coussergues. En 1495, Carlos VIII, rey de Francia, cedió el Señorío de Coussergues a Pierre Raymond de Sarret, por los servicios prestados durante la guerra en Italia. Desde entonces, los Sarret se dedicaron a la explotación de plantaciones de viñedos, olivares y bosques. Su castillo está situado en Coussergues Montblanc Languedoc, a unos diez kilómetros al este de Béziers en las últimas colinas con vistas al Mediterráneo. El lugar es una villa romana en el camino Dominitienne, el ex Real Señorío, y es propiedad de la familia de Sárrét Coussergues desde hace 15 generaciones. En el día de hoy, la finca abarca más de 620 hectáreas de viñedos, olivos y campos de madera. **www.chateaudecoussergues.com**

10) Grazia Deruta. Si bien la tradición de la mayólica de Deruta se remonta al 1200, se sabe que la familia Grazia empezó con su producción en 1500. De esto dan testimonio los documentos de archivo y el horno antiguo localizado dentro de los muros del pueblo que, desde entonces, está en posesión de la familia Grazia.

Los clientes más importantes fueron los monasterios, las familias nobles y las iglesias, que empezaron a utilizar y vender los productos a los peregrinos que visitaban la tumba de Francisco de Asís.

A finales del siglo XIX, la mayólica de Deruta entró en decadencia ante la competencia de la porcelana, y fue con el aporte fundamental de los artesanos de la familia Grazia que se revalorizó la mayólica con el redescubrimiento de las técnicas de producción artística de *lustro dorato*, obtenido con una tercera cocción. Así, comenzaron a producirse no solo objetos *a lustro* sino también una variedad de formas y decoraciones renacentistas que hicieron famoso el nombre de Deruta en el mundo.

A comienzos de la década de 1980, Ubaldo Grazia comenzó a utilizar la colaboración de diseñadores extranjeros, especialmente estadounidenses, para renovar y revitalizar la producción, adaptándose a los gustos modernos pero sin apartarse de la tradición. El empeño de Ubaldo Grazia en conjugar la tradición y la modernidad ha tenido éxito y le ha permitido mantener vivo el nombre de la familia y su reputación en la calidad de sus productos. **www.ubaldograzia.it**

En la Argentina[3]

1. Delfino S.A. Transporte y logística. En el año 1838, don Bernardo Delfino, genovés con muchas vinculaciones con el Reino de Cerdeña, inicia sus actividades atendiendo las embarcaciones sardas que llegaban a estas costas, así como también manteniendo mediante goletas un tráfico con la

---

3. La información fue tomada de los propios sitios web de cada empresa.

vecina orilla de Buceo (República Oriental del Uruguay).

Los difíciles avatares comerciales que debió sortear lo obligaron a retirarse de su vida empresaria y ceder la dirección del negocio familiar a su hijo primogénito Antonio (primer Delfino argentino nativo) quien, en 1874, logró concentrar el 60% de la atención de las naves que arribaban al puerto de Buenos Aires.

Por el año 1920, Delfino alcanza un gran renombre por la organización de cruceros y la venta de pasajes, circunstancia esta que será posteriormente aprovechada para dar origen a un nuevo emprendimiento dedicado exclusivamente a la actividad de agentes de viajes y turismo, y a la organización de eventos y convenciones internacionales, todo ello bajo la denominación de Delfino Turismo.

En 1960 amplía la gama de servicios que ofrece al sector del comercio exterior, dando nacimiento al emprendimiento Delfino Cargas Aéreas. En la actualidad, es la quinta generación la que está al frente de la compañía. **www.delfino.com.ar**

2. Magnasco Hermanos S.A. **Alimentaria/Lácteos y quesos Santa F**e, fue fundada en 1855. Esta empresa se dedica a la elaboración y comercialización de productos derivados de la leche y a la explotación agrícola y ganadera en la Argentina. A partir de su creación, y sin perder su carácter de EF, siempre tuvo un lugar preponderante entre las industrias del sector. Actualmente es dirigida por la cuarta y quinta generación de descendientes de su fundador y es reconocida como la empresa láctea más antigua del país.

Durante los últimos años, los principales mercados externos han sido los Estados Unidos, el Caribe y Brasil. **www.magnasco.com.ar**

3. Molinos Juan Semino S.A. Industria alimentaria fundada en Santa Fe en 1865, regida en la actualidad por la sexta generación. **www.semino.com.ar**

No había información disponible relevante más allá del año de su fundación y su condición de EF.

4. Bullrich Campos S.A. El 8 de abril de 1867, don Adolfo J. Bullrich –intendente de Buenos Aires durante la presidencia del general Roca– fundó la casa inmobiliaria que entonces se llamó Adolfo Bullrich y Cía.

Hoy, a algunos lustros de su centenario, Bullrich continúa dedicada a la evolución, el progreso y el perfeccionamiento de su empresa, objetivo para el que cuenta con hombres de experiencia y jóvenes emprendedores que forman un equipo dispuesto a continuar la obra del fundador, forjando un futuro digno de su prestigioso pasado.

Bullrich Campos S.A. inicia sus actividades en marzo de 1993 como continuadora del Departamento Campos de Adolfo Bullrich y Cía. Ltda. S.A. que, formada por el mismo equipo, cuenta con el respaldo de los antecedentes, la trayectoria y el desempeño de 143 años de trabajo ininterrumpido en todo el país, brindando servicios en la comercialización y valuación de tierras. **www.bullrichcampos.com.ar**

5. Goyenechea Bodegas y Viñedos S.A. Empresa mendocina fundada en 1868 por los hermanos Santiago y Narciso Goyenechea, emigrantes vascos españoles, quienes se dedicaron al negocio de vinos, bebidas y alimentos como almacén general en Buenos Aires. En 1872, muere ahogado Santiago en el naufragio del vapor España, cuando cruzaba el Río de la Plata. Le sucede en la empresa su yerno, Pedro Bilbao, que la dirige hasta los primeros años del siglo XX, cuando regresa a España y llega a ser alcalde de Bilbao. En esos años, la sociedad cambia de nombre (Goyenechea, Bilbao y Cía. y luego Bilbao, Rentería y Cía.), y adquiere los viñedos y bodega de Villa Atuel, al sur de la provincia de Mendoza. Antes, había sido miembro fundador de la Cámara Española de Comercio de la República Argentina.

La vitivinicultura pasó a ser el rubro más destacado de la actividad de la firma, que mantuvo su almacén y su oficina de Buenos Aires. En un principio, el vino se comercializó preferentemente en barricas o toneles cargados desde la bodega por ferrocarril a todo el país, especialmente a la Pampa húmeda y las provincias de la Mesopotamia. La tercera generación de la familia –españoles, nacidos en Bilbao– dirige la empresa durante gran parte de la primera mitad del siglo. Hacia 1965 ingresa en la empresa la cuarta generación –argentina– y la actividad se desplaza hacia el vino fino embotellado, exclusivamente, eliminando la venta a granel de vinos comunes e importados y otros alimentos. La bodega, que ya contaba con una materia prima de calidad (viñedos de Villa Atuel), desarrolla la marca Aberdeen Angus, para la asociación de criadores de dicha raza. A la vez se inician las exportaciones: comienza con Estados Unidos y Paraguay, y sigue con otros países americanos y europeos. La distribución interna y externa es realizada enteramente por Goyenechea.

En 1994, se termina la relación con la Asociación de Angus y la firma pasa a vender exclusivamente su propia marca Goyenechea en el mercado argentino e internacional. Finalmente, en 1998 ingresa la quinta generación familiar y la empresa se transforma en sociedad anónima.

6. Finito El Rey del Salame S.A. Industria alimentaria y de embutidos fundada por la familia Panontini, descendiente de las primeras familias italianas que poblaron Colonia Caroya en Córdoba. Desde su llegada en 1878 de Friuli (Italia), actualmente con seis generaciones en la Argentina, la familia conserva la producción artesanal de todos sus productos, elaborados con la más alta calidad y normas de higiene. Siguen aplicando las antiguas recetas originales transmitidas de generación en generación. Hoy, Celso Panontini con su esposa y sus tres hijos continúan fabricando un salame artesanal que conserva la identidad y el prestigio de la comunidad friulana. **www.finitoelreydelsalame.com**

7. Bodegas y Viñedos Duret S.A. Desde 1880, la familia Duret, proveniente de Francia, cultiva y elabora vinos artesanales de especial calidad, tradición que ha perdurado durante cuatro generaciones hasta nuestros días. Instalada desde su origen en la provincia de Mendoza, sus viñedos cuentan con condiciones agroecológicas excelentes por estar constituido el suelo en superficie por sedimentos finos de origen aluvional y un subsuelo pedregoso, donde se asientan sedimentos areno-limoarcillosos. Estas características, junto al esfuerzo diario de la familia y su personal, hacen que de la zona alta del río Mendoza se puedan garantizar cosechas de gran calidad, destinadas a la elaboración de vinos nobles y artesanales. **www. bodegaduret.com**

8. Laboratorio Casasco S.A. Siendo subdirector del Real Hospital de Torino, el doctor Eugenio Antonio Casasco llega a la Argentina contratado para realizar estudios del proceso de conservación de carnes, que permitiera su transporte en barcos frigoríficos.

En 1876 funda la primera farmacia en la localidad de Chacabuco. En 1880 se establece en Luján, donde inicia la elaboración de productos farmacéuticos en escala industrial de comprimidos y cápsulas/perlas gelatinosas, lo que lo convierte en uno de los pioneros mundiales en la producción de estas formas farmacéuticas. En esos años, traslada el mandato a su hijo, el doctor Eugenio Andrés Casasco, químico farmacéutico egresado de la Universidad de La Plata.

En 1937, Laboratorios Casasco inaugura su planta industrial en la calle Boyacá, con las más exigentes técnicas de fabricación, hoy actualizada con la infraestructura y el equipamiento de última generación, acorde con estrictas normas de buenas prácticas de manufactura. En 1950, el director técnico, doctor Eugenio F. Casasco, se hace cargo de la presidencia de la empresa la que ostentará durante 56 años. En la última década, Laboratorios Casasco ha experimentado un fuerte crecimiento tanto a escala nacional como internacional.

En 2007, ante el fallecimiento del doctor Eugenio F. Casasco, los socios se hicieron cargo de la conducción de la compañía. **www.casasco.com.ar**

9. Porta Hnos. S.A. Inmigrantes provenientes de Lombardía, Italia, se instalan en Córdoba, donde establecen la primera fábrica de licores del país. Desde entonces, aquellos conocimientos en el arte de la licorería se fueron profesionalizando y diversificando a otros rubros, sumando la experiencia adquirida a través de cuatro generaciones de la familia Porta. **www.porta.com.ar**

10. Giesso S.A. En 1884, Bonifacio Giesso, un genovés de profesión sombrerero de medidas, instala su primera tienda en Buenos Aires. En aquellos años la empresa ofrecía, además, gorras, camisería fina, bastones, gemelos, ajuares para novios, puños y cuellos duros, botones, paraguas y valijería.

A lo largo de los primeros años del siglo XX, la tienda se afianzó como camisería de medida. En el año 1955, abrió su segunda sucursal y, en 1962, la tercera.

Alfredo Giesso fue quien convirtió a Giesso en marca. Desde el año 1950 y hasta fines de la década de 1980, la palabra "creaciones" estaba incluida en el logo utilizado. Fue también en esa época cuando se creó el distintivo moño como isotipo.

A comienzos de la década de 1990, tomó la conducción Ana María Giesso, y extiende sus locales a la zona norte de la ciudad de Buenos Aires. En el año 2000, ya con Mariano Rodríguez Giesso al frente de la empresa, deciden crear una línea de ropa de mujer, y dos años más tarde se expanden a todo el país. En la actualidad, es la cuarta generación la que está al frente de la compañía. **www.giesso.com.ar**

CIERRE

Llegamos al final

El mundo se ha globalizado,[1] los negocios se hacen durante las veinticuatro horas, y, en los últimos años, hubo una concentración de los mercados en empresas que son cada vez más grandes. Algunas de ellas, emplean a más gente y manejan un presupuesto mayor que el de algunos países. Walmart registró, en 2005, una nómina de 1,8 millones de empleados.

¿Pueden en este contexto las EF seguir siendo "familiares"? ¿Tienen las EF alguna oportunidad de sobrevivir en un mundo que cada vez internacionaliza más su economía?

---

1. Quizás sería más correcto decir que las tecnologías de la comunicación aceleraron la circulación de la información. El mundo siempre estuvo "globalizado"; recién ahora parece que nos damos cuenta.

Qué pueden hacer las EF para sobrevivir[2]

Las EF que han podido subsistir e incluso competir con empresas globalizadas (EG) han seguido dos tipos de estrategia:

1. Imitar o tratar de superar algunas de las fortalezas de las EG.
2. Sacar partido de las debilidades de las EG.

Imitar o tratar de superar algunas de las fortalezas de las EG

- Enfocarse y ser especialista en un rubro o tema, y especializarse en él.
- Crecer e incrementar su tamaño para obtener economías de escala, ámbito y aprendizaje para reducir sus costos y ser más competitiva
- Salir al extranjero a competir para, gradualmente, convertirse en verdaderas EF multinacionales y así competir en todo el mundo.

Sacar partido de las debilidades de las EG

- Diferenciarse para responder mejor a las necesidades y gustos locales.
- Incrementar la sensibilidad con respecto a los clientes finales locales.
- Enfatizar un mejor servicio para ganar la lealtad de los consumidores ofreciendo beneficios adicionales, que suelen ser de bajo costo.
- Desarrollar un conocimiento más profundo del mercado interno, la cultura local y las prácticas de negocios del país.

---

2. Algunas de estas ideas fueron tomadas de Martínez Echezárraga, J.: "Desafíos y oportunidades para la Empresa Familiar". V Encuentro de la Pequeña y Mediana Empresa, Santiago de Chile, 1 de septiembre de 2004.

- Cultivar las buenas relaciones con todo tipo de instituciones locales.
- Aprovechar los símbolos y las identidades nacionales.
- Moverse más rápido para tomar ventaja de las oportunidades que ofrece el mercado. Las EF tienen una ventaja competitiva en este aspecto: la velocidad de la toma de decisiones es mucho más alta comparada con la "burocracia" de las multinacionales.

¿Qué más pueden hacer las EF para ser competitivas?

- Profesionalizar su gestión.
- Desarrollar la excelencia en sistemas y procesos administrativos.
- En los casos en que su magnitud lo permita, asegurar recursos financieros abriéndose a la Bolsa.
- Enfatizar la calidad y la productividad.
- Agregar más valor a sus productos y servicios.
- Tener una perspectiva estratégica y una planificación a largo plazo.
- Establecer vínculos y arreglos de cooperación con proveedores y clientes.
- Innovar y mantener vivo el espíritu empresarial.
- Cuidar y motivar a sus más valiosos empleados.
- Desarrollar la responsabilidad social y ambiental.

Las EF marcan a fuego la vida de los miembros de una familia empresaria y la historia de los vínculos en la familia marcan a fuego el desarrollo de una EF.

Lo que vimos a lo largo de las páginas de este libro son las características y funcionamiento de las EF y cuáles son los asuntos que es conveniente que tengan en cuenta los miembros de una familia para que ellas puedan sobrevivir a lo largo de las generaciones. Es difícil, pero posible.

El éxito de una EF depende de que cada miembro de la familia cumpla las funciones para las que se siente apto y para las cuales esté preparado. También es muy importante que los miembros de una familia sepan que pueden tener la libertad de elegir si quieren incorporarse o no a las actividades de la empresa, y también saber que pueden desvincularse. Es necesario que todo eso esté previsto para un mejor desarrollo de la empresa.

En definitiva depende del afecto, del respeto, de la capacidad de diálogo y de la confianza que exista en la familia.

Lector/a:
Gracias por llegar hasta este punto. Si pertenece a una familia que tiene una empresa familiar, si trabaja en una de ellas o si solo se acercó por curiosidad, a todos, les deseo éxitos en sus proyectos.

BIBLIOGRAFÍA

AACREA (Asociación Argentina de Consorcios Regionales de Experimentación Agrícola): "La empresa a través de las generaciones". En *La Nación,* 17 de abril de 2004. *http://www.lanacion.com.ar/nota.asp? nota_id=592999*

Amat Salas, J. M. y Corona, J. F.: *El protocolo familiar.* Ediciones Deusto, Barcelona, 2007.

_____: *La continuidad de la empresa familiar.* Ediciones Deusto, Madrid, 1998.

Andolfi, M.: *Terapia familiar.* Editorial Paidós, Buenos Aires, 1984.

_____: *Detrás de la máscara familiar.* Amorrortu Editores, Buenos Aires, 1985.

Barbado Alonso, J. A.; Aizpiri Díaz, J. J.; Cañones Garzón, P. J.; Fernández Camacho, P. J.; Gonçalves Estella, F.; Rodríguez Sendín, J. J.; De la Serna de Pedro, L. y Solla Camino, J. M.: "Individuo y familia". En *http://www.medicinageneral.org/revista_62/pdf/habilidades.pdf*

Buero, L.: "Empresas familiares: ¿misión imposible?". En *http://www.pagina digital.com.ar/articulos/2004/2004quint/varios/luis-buero-bb-2205.asp*

Candal Aguaje, C. A.: "La empresa familiar desde un punto de vista estratégico". En *http://www.gestiopolis.com/recursos/documentos/fulldocs/ emp1/emprfamestra.htm*

Casañas, M.E.: entrevista personal.

Cuatrecasas, E. (Ed.): *Manual de la empresa familiar.* Cinco Días-Cuatrecasas, Madrid, 2001.

Di Matteo, L.: "Cómo irse de una empresa familiar". En *Clarín económico,* 11 de marzo de 2001.

Fishman, H. Ch. y Rosean, B. L. (comps.): *El cambio familiar, desarrollo de modelos*. Editorial Gedisa, Buenos Aires, 1988.

Hughes, J. E.: *La riqueza de la familia empresaria*. Ediciones Deusto, Barcelona, 2005.

Irigoyen, H.: *La crisis en la empresa de familia*. Ediciones Macchi, Buenos Aires, 1999.

Gallo, M. A.: "Tipología de las empresas familiares". En *Empresa y Humanismo*, Volumen 7, n° 2, Navarra, 2004.

Garrido Melero, M. y Fugardo Estivill, J. M.: *El patrimonio familiar, profesional y empresarial. Sus protocolos: constitución, gestión, responsabilidad, continuidad y tributación*. Ediciones Bosch, Barcelona, 2005.

Gimeno, A.; Baulenas, G. y Coma-Cros, J.: *Modelos de empresa familiar*. Ediciones Deusto, Barcelona, 2009.

Gomez, G.; Perkins, G.; Vilaseca, A. y Caputo, P.: "La estructura y dinámica familiar. Su impacto en el éxito de la empresa familiar". En *http://www.iae.edu.ar/pi/proyectos/Paginas/CEFAM.aspx* 2002.

Gonzales Gallegos, J. M.: "La familia como sistema". En *Revista Paceña Medicina Familiar*, 2007; 4(6).

Honoré, C.: *Elogio de la lentitud*. Editorial del Nuevo Extremo, Buenos Aires, 2005.

Kaplun, C.: "Refundar a tiempo la empresa". En *http://www.supercampo.com.ar/ed_0163/nota_02.htm*, abril de 2008.

Lévi-Strauss, C.: *Las estructuras elementales del parentesco*. Editorial Paidós, Barcelona, 1981.

Levinson, H.: "Conflicts that Plaque Family Business". En *Harvard Business Review*, marzo-abril 1971, pp. 91.

Lloret, J. T.: "De empresa familiar a familia empresaria". En Harvard Deusto Finanzas y Contabilidad, n° 63, Barcelona, 2005.

Martínez Echezárraga, J.: "Desafíos y oportunidades para la Empresa Familiar". V Encuentro de la Pequeña y Mediana Empresa, Santiago de Chile, 1 de septiembre de 2004. En *http://www.asimet.cl/presentaciones/Enapyme_2004/jon_martinez.pdf*

——————: "Los grandes desafíos de las empresas familiares en el siglo XXI". En http://www.ccs.cl/html/eventos/2008/doc/0416_empresasfamiliares_U_los_andes.PDF

Martínez Zarandona, I.: "Familias funcionales". En *http://sepiensa.org.mx/contenidos/2005/f_ffuncionales/ffuncio_1.htm*

Maturana, H.: *El sentido de lo humano*. Dolmen Ediciones/Granica, Santiago, 1997.

Minuchin, S.: *Familias y terapia familiar*. Gedisa S.A., Barcelona, 1979.

Navarro, E.: "Conociendo las particularidades de la empresa familiar". En *http://www.gestiopolis.com/canales/emprendedora/articulos/46/empresafamiliar.htm*

Perez, G.: "Las empresas familiares y el modelo de negocio". En *http://www.degerencia.com/articulos. php?artid=394*, 17-03-2004.

Pithod, A. y Dodero, S.: *La empresa familiar y sus ventajas competitivas.* Editorial El Ateneo, Buenos Aires, 1997.

Press, E.: *Psicología de las organizaciones.* Ediciones Macchi, Buenos Aires, 2005.

————: "Los cuentos de la historia, hacia una nueva manera de mirar". *Sistemas Familiares,* año 10, n° 2, Buenos Aires, 1994.

Ribera, M. D.; Torrent C. y Alfons, J: "Hacia el cambio organizacional en la sucesión de la empresa familiar". En *http://www. torrentidedeu.com/cast/index.htm*

Rubin, J.: *When Families Fight.* Ballantine Books, New York, 1989.

Satir, V.: *Relaciones humanas en el núcleo familiar.* Editorial Pax, México, 1982.

Schein, E.: *Psicología de la organización.* Pearson Educación, Prentice Hall Hispanoamérica, México, 1982.

Simon, F. B.; Stierlin, H. y Wynne, L. C.: *Vocabulario de terapia familiar.* Gedisa Editorial, Buenos Aires, 1988.

Sluzki, C.: "Terapia familiar como construcción de realidades alternativas", *Sistemas familiares,* Año 1, n° 1, Buenos Aires, 1985.

Srebrow, C.: "Sistema social, organización y conflicto en el abordaje de la familia empresaria". *Sistemas Familiares,* Año 3, n° 1, Buenos Aires, 1987.

Tagiuri, R. y Davis, J. A. (1982): "Bivalent Attributes of the Family Firm". En *Harvard Business School,* Cambridge, Massachusetts, Reprinted 1996, *Family Business,* IX (2).

Torrado, S.: *Historia de la familia en la argentina moderna* (1870-2000). Ediciones De la Flor, Buenos Aires, 2003.

Trevinyo-Rodríguez, R.N.: "El patrimonio familiar, ¿privilegio u obligación?". En *http://www.iese.edu/en/files/El%20patrimonio%20familiar,%20privilegio%20u%20obligaci%C3%B3n_tcm4-11722.pdf*

Ward, J.: *Cómo desarrollar la empresa familiar.* Editorial El Ateneo, Buenos Aires, 1994.

www.laempresafamiliar.com: "La empresa familiar y la aurora boreal". En *http://www.laempresafamiliar.com/networking/fondo-editorial/476/la empresa-familiar-y-la-aurora-boreal*

——————: "¿Qué es profesionalizar una empresa familiar?". En *http://www.laempresafamiliar.com/faq/index.php*

www.ingramcontent.com/pod-product-compliance
Lightning Source LLC
Chambersburg PA
CBHW060549200326
41521CB00007B/542